SOPHIE ARNOULD

JUSTIFICATION DU TIRAGE :

5 exemplaires sur Japon, avec états et triple suite de planches;

10 exemplaires sur Hollande, mêmes états que les précédents;

10 exemplaires sur Whatman, avec double suite des planches;
eaux-fortes terminées avec remarques;

50 exemplaires sur Hollande, eaux-fortes terminées avec remarques;

350 exemplaires sur Hollande.

425 exemplaires numérotés.

N°

MACON, PROTAT FRÈRES, IMPRIMEURS

SOPHIE ARNOULD
CH CARRINGTON ÉDITEUR
Imp Ch Wittmann Paris

ROBERT DOUGLAS

SOPHIE ARNOULD

TRADUIT PAR CHARLES GROLLEAU

COMPOSITIONS PAR

AD. LALAUZE

PARIS

CH. CARRINGTON, LIBRAIRE-ÉDITEUR

13, FAUBOURG MONTMARTRE, 13

1898

PRÉFACE DU TRADUCTEUR

« Une courtisane ! et la plus courtisane de l'époque la plus courtisane », écrivait Barbey d'Aurevilly en parlant de Mlle Arnould, et c'est à cette courtisane qu'un nouveau livre est consacré !

Pourquoi pas ?

L'écrivain distingué dont nous donnons ici, dans notre langue, le travail si consciencieux, est coutumier de telles audaces, et les lettrés anglais les ont récompensées par l'accueil qu'ils ont fait à son beau livre : *la Vie et le Temps de Mme Du Barry.*

Et nous l'avons traduit, ce travail, parce que nous pensons que les batailles et les sièges, l'élévation et la chute des empires, les intrigues des cours, les débats des parlements ne nous disent pas ce que fut un peuple dans la réalité profonde de sa véritable vie, mais bien ce qu'il chanta, ce qu'il aima, les témoins célèbres de son goût, la vie de ses artistes, de ses artistes de tous les degrés et de tous les genres.

Que cela nous soit rendu par des livres sincères, tout palpitants, et nous voilà, de par le pouvoir magique d'une telle évocation, participant à cette vie, la comprenant, la goûtant, la vivant.

Et s'il s'agit d'une Sophie Arnould, de cette Aspasie d'un siècle sans sagesse, quel prestige ! que de brillants fantômes coudoyés ! quelle pléiade d'esprits chatoyants et charmants ! quel bouquet d'étincelles avant la rouge aurore de la Révolution !

Carlyle se plaignait de ne trouver intéressant à lire que la vie des acteurs. Or, voici la vie de la plus grande actrice lyrique et dramatique du xviiie siècle, de la femme la plus spirituelle, spirituelle à ce point que de retrouver les *reliquiæ* de cet esprit, épars dans les écrits du temps, on se demande, comme ce fougueux d'Aurevilly déjà cité, qui ne l'épargna pas pourtant et ne la courtisa pas, la courtisane ! « si personne eut de l'esprit au même degré qu'elle, dans un temps où l'esprit dominait le génie et où les hommes de génie étaient encore plus des hommes d'esprit, comme Voltaire et Montesquieu..... Elle ! ce Caquet-Bon-Bec sublime qui n'était plus un bec de pie, mais un bec d'aigle ; cette Aspasie de l'épigramme qui se serait moquée de Périclès, cette Vénus impudique et armée, *Venus Armata*..... »

Mais fut-elle bien Vénus?

Est-ce pour sa beauté que son nom demeure? Non, ce sceptre lui fut refusé sans doute; je dis : sans doute, car ses contemporains ne sont pas d'accord sur ce point, secondaire en face de cette royauté d'esprit qu'elle exerça sans conteste.

Sophie Arnould, en effet, régna par son esprit et j'ajouterai qu'elle eût mérité de régner par son cœur. C'est là son triomphe, à cette Sophie — Sophie : sagesse! le nom d'une folle! — que son esprit ne gâta point son cœur et que celui-ci survécut à celui-là dans le corps ruiné de la « pauvre fée » qui mourut d'être seule et de ne plus être aimée.

Ceux, en effet, qui vécurent à ses côtés la délaissèrent — et cela est si humain! — puisque sa voix qui les ravissait s'était éteinte et qu'ils ne savaient plus goûter son sourire, son malicieux et fin sourire qu'avaient barré les rides, mais le charme qui nous pénètre en songeant, nous qui n'en avons que les cendres, à ce doux Rossignol, à cette géniale artiste qui fut l'Eurydice du noble et grand musicien Glück, ce charme-là la venge bien.

Aussi, bien loin de nous étonner, le soin que vient de prendre M. Robert Douglas de raviver une fois encore les tons pâlis du portrait que nous ont laissé de Sophie Arnould ses contemporains, ce soin nous paraît digne d'éloges et le lecteur y applaudira.

« L'Histoire a vécu six mille ans, écrivent les Goncourt, au début du livre étincelant qu'ils nous ont donné sur ce *rare et charmant esprit* ; devant elle ont passé des armées de héros, de capitaines, de rois, de sages, à peine a-t-elle compté dix muses de l'Amour, de Vénus et de la Fortune.

« C'est qu'il leur faut, à ces enfants gâtés du souvenir des peuples, tant et de si immortels enchantements ! »

Qui déniera de tels enchantements à Sophie, et sa vie ne nous fait-elle pas « revivre sa patrie et son temps? »

Il était donc opportun de l'écrire à nouveau cette vie brillante, même après ces charmeurs de Goncourt, plus complètement, plus fidèlement.

M. Robert Douglas a su manier comme il convient « lo burin de l'histoire légère », et l'habile et délicieux artiste M. Adolphe Lalauze lui ayant apporté l'appoint de son rare talent, voici un livre qui peut rester.

« Eisen n'a jamais fait mieux », disait, en parlant des eaux-fortes de Lalauze, un admirateur passionné de l'art du xviiie siècle.

Que pourrais-je ajouter à un tel éloge? et ceux-là n'y adhéreront-ils pas qui auront la bonne fortune de posséder ce volume et les petits chefs-d'œuvre dont il est orné.

Il faut louer M. Charles Carrington d'avoir fait appel à une telle collaboration. L'ouvrage ici présent lui doit d'être paré comme une belle dame de ce siècle de luxe et d'artiste coquetterie qu'il évoque.

Un tel éditeur n'est-il pas digne de sa réputation naissante et n'a-t-il pas sa place marquée, à côté des Ferroud et des Conquet, dans l'estime judicieuse et éclairée des amateurs et des bibliophiles.

CHARLES GROLLEAU.

CHAPITRE Ier

Grimm écrit, en février 1758 : « Le théâtre de l'Opéra-Comique a fait cet hiver une acquisition qui a attiré un monde infini à son spectacle. C'est une jeune actrice de seize ans, d'une très jolie figure, nommée Mlle Arnould.

La beauté de son organe, jointe au désir de plaire et de se former, tout fait concevoir d'elle de grandes espérances à ceux qui aiment ce genre de spectacle[1]. »

Ces espérances se réalisèrent de la manière la plus complète. Pendant plus de vingt années, Sophie Arnould fut l'un des plus brillants ornements de la scène d'Opéra français. Il y a lieu de croire, d'après les témoignages de ses contemporains, que sa voix était assez faible et qu'elle fut certainement fatiguée avant que l'actrice eut atteint la quarantaine; mais cette voix était capable d'exprimer les sentiments pathétiques et tendres avec des accents encore inconnus.

Il n'eut cependant pas suffi d'une belle voix et d'un talent dramatique hors ligne pour garder de l'oubli, pendant tout un siècle, le nom de Sophie Arnould; mais elle possédait un don rare, bien que dangereux, qui, s'il lui attira, pendant le cours de sa vie, beaucoup d'ennemis, lui donna, en retour, un certain degré de célébrité. Elle était fort spirituelle, et son esprit était de cette nature caustique et mordante qui rend ceux qui en sont doués l'objet de plus de crainte que d'amour. Même aujourd'hui, plus de cent ans après sa rentrée dans la vie privée, ses brillants sarcasmes sont encore cités.

Ses « mots » ont été recueillis et publiés en 1813, onze ans après sa mort, dans un livre intitulé *Arnoldiana*, précédé d'une notice biographique assez négligée de forme et très incomplète, mais qui, toutefois, rend compte des événements les plus marquants de sa vie. Le livre eu

---

1. *Correspondance*, vol. III, p. 477.

apparemment du succès puisque, dans le cours de la
même année, on publia *l'Esprit de Sophie Arnould*, un
très mince in-18 de moins de cent pages. Quérard
attribue cette brochure à Favrolle, un des pseudonymes
de la baronne de Mère (Mlle Guénard), infatigable écri-
vassier qui, en moins de 30 ans, produisit plus de cent
ouvrages (en 320 volumes), dont quelques-uns destinés
à « l'instruction de la jeunesse », et la grande majorité à
« l'amusement des casernes ». *L'Esprit de Sophie Arnould*
ne dut pas donner beaucoup de mal à son auteur.
Quelques mots d'introduction, une vingtaine d'anecdotes
des mieux connues sur Sophie Arnould, et une ou deux
lettres suffisent à remplir ce peu de pages où l'on ne
trouve presque rien d'inédit[1].

Rien de nouveau ne vint s'ajouter à la bibliographie
de Sophie Arnould jusqu'en 1837, date de la publication
par le comte de Lamothe-Langon des *Mémoires de
Sophie Arnould*. On peut juger de la valeur historique
de cet ouvrage par la note qui suit son inscription au
catalogue de la Bibliothèque Nationale : *Voir Romans*.
Environ vingt ans plus tard, les frères Goncourt découvrirent, dans une liasse de documents qu'ils avaient
achetés à un marchand d'autographes, huit ou dix lettres
écrites par Sophie Arnould. Ils se mirent aussitôt à
l'œuvre et composèrent une monographie de la spirituelle
actrice, en y joignant les lettres qu'ils avaient si heureusement acquises. Leur *Sophie Arnould* parut en 1857

---

1. On attribue *Arnoldiana* à un écrivain nommé Deville.

et fut depuis rééditée plusieurs fois, la dernière édition datant de 1885.

Ces quelques ouvrages représentent tout ce qui a été écrit au sujet de Sophie Arnould, mais son nom se trouve parfois cité dans les lettres ou les mémoires de Voltaire, de Grimm, de Marmontel, de Collé et de quelques autres écrivains. On trouve également sur elle et sur ses compagnes au théâtre des renseignements épars dans les ouvrages modernes sur la scène française au xviiie siècle.

*
* *

Dans les notes autobiographiques assez brèves laissées par l'actrice, la date et le lieu de sa naissance ne sont pas cités avec exactitude. Dans une lettre publiée pour la première fois en 1776, elle déclare « qu'elle est née dans l'alcôve où l'amiral de Coligny fut assassiné deux cents ans auparavant ». Or, l'hôtel qu'habitait l'amiral de Coligny se trouvait dans la rue de Béthizy. une petite rue que le percement de la rue de Rivoli fit disparaître, et les parents de Mlle Arnould n'occupèrent l'appartement où vécut le grand huguenot que quelques années après la naissance de leur fille aînée Sophie.

L'autre assertion contenue dans la même lettre, la date de sa naissance fixée au 14 février 1745 est également incorrecte quant à l'année et peut-être aussi quant au jour. MM. de Goncourt ont découvert aux Archives l'extrait suivant du registre de l'église Saint-Roch : « L'an mil sept cent quarante, le 14 février, Magdeleine-Sophie, fille de Jean Arnould, officier d'office, présent, et de Rose-Marguerite Laurent, sa femme, née hier rue Louis le Grand, en cette paroisse a été baptisée.

« Le parrein : Louis Le Vasseur, directeur dans les fermes du roi, rue Coq-Héron, paroisse Saint-Eustache ; la marreine : Magdeleine Chevalier, fille majeure, rue du Mail ; susdite paroisse. »

M. et Mme Arnould eurent cinq enfants : deux fils et trois filles ; Madeleine-Sophie fut l'aînée. Sa plus jeune sœur, Rosalie, douée comme·elle d'un grand talent musical, fit partie des musiciens de la chambre du Roi, de 1770 à 1792.

Le père de Sophie Arnould paraît avoir été un calme et respectable bourgeois, d'une intelligence suffisante pour ses affaires qui, suivant l'auteur d'*Arnoldiana*, furent plutôt celles d'un hôtelier que d'un homme fin et ntellectuel. Sa femme, au contraire, montrait un goût très vif pour la société lettrée. Elle compta parmi ses amis et ses relations : Voltaire, Fontenelle, Diderot et d'Alembert, et avait sans doute avec eux des discussions philosophiques.

C'est d'ailleurs leurs entretiens qui lui donnèrent une idée si haute des avantages de l'éducation, qu'elle résolut de faire de ses enfants des prodiges de savoir. Dès que Sophie put parler, son éducation commença, et comme l'enfant était précoce et s'instruisait de grand cœur, elle sut bientôt lire et écrire, jouer du clavecin et chanter. A deux ans et demi, à peine, elle commença l'étude de la musique, et vers sept ou huit ans, la lecture à vue n'avait plus de difficultés pour elle.

Fière d'une enfant aussi accomplie, Mme Arnould lui donna les meilleurs professeurs. D'une excessive habileté et d'un esprit très vif, l'enfant eut bientôt appris tout ce que ses maîtres pouvaient lui enseigner et fut apte, entre autres choses, à parler et à écrire sa langue avec une correction que peu de personnes savent atteindre.

Quand l'Opéra fut incendié, une des dames de la cour priant Mlle Arnould de lui donner des détails sur *cette terrible incendie*, celle-ci répondit : « Tout ce que je puis vous dire, Madame, c'est qu'incendie est un nom masculin. »

A dix ans, suivant son propre dire, d'ailleurs, Sophie chantait comme une *professionnelle*, et, dès sa douzième année, était familière avec les langues italienne et latine. Tous ces talents ne pouvaient rester dans l'ombre. Un jour, par suite de circonstances particulières, on lui demanda de chanter une partie de l'office aux vêpres du Val-de-Grâce. La princesse de Modène qui se trouvait dans l'assemblée fut si frappée de la beauté de cette voix, de cette diction sympathique et touchante, qu'elle amena le dimanche suivant un grand nombre de ses amis de l'aristocratie dans la petite église, et enfin, la Reine (Marie Leczinska) ayant ouï parler de l'étonnante petite chanteuse, manifesta le désir de l'entendre.

La princesse de Modène n'eut pas de difficultés à persuader Mme Arnould de lui confier sa fille, et Sophie fut emmenée à Versailles. Bien qu'elle ne fût qu'une enfant, celle-ci avait toute la confiance et la possession de soi-même d'une actrice accomplie, et ne fut nullement intimidée par la présence de sa royale auditrice. La Reine fut charmée et exprima le désir que la jeune fille devint une de ses musiciennes de chambre.

Mais Marie Leczinska n'était Reine de France que

de nom ; le pouvoir qui aurait dû lui appartenir était aux
mains de Mme de Pompadour, la maîtresse du roi, et
celle-ci ayant, à son tour, demandé d'entendre Sophie,
ses désirs ne pouvaient rencontrer d'obstacles. Or, comme
la princesse de Modène ne pouvait, par convenance,
lui présenter sa protégée, ce fut Mme Arnould qui dut
introduire sa fille auprès de la favorite.

Un récit de cette entrevue fut écrit par Sophie Arnould
quelques années après ; ce récit donne l'impression de la
vérité. Sophie commence par mentionner que Mme de
Pompadour, après avoir conversé avec ses visiteurs pendant quelques instants, quitta le salon, leur recomman-
dant de ne pas causer, de ne pas bouger avant son retour.
C'était une des ruses habituelles de la favorite, qui
aimait à impressionner les gens et à leur faire croire que
le Roi pouvait venir à toute minute, et qu'il eût été
très mécontent de trouver là nombreuse compagnie quand
il désirait consulter sa maîtresse sur les affaires d'État.

La petite Sophie Arnould, du reste, n'avait pas grand
souci de l'un et de l'autre. Elle s'approcha d'un des cla-
vecins, — deux ou trois personnes étaient présentes, —
et, promenant ses doigts sur les touches, elle se mit à
chanter.

A ce moment, Mme de Pompadour rentrait dans la
chambre, elle s'arrêta, écoutant, extasiée, le chant de la
jeune fille.

Quand le chant eut cessé, elle vint auprès d'elle et
lui frappant doucement la joue :

« Ma chère enfant, dit-elle, vous ferez une charmante
princesse. »

Mme Arnould, malgré ses goûts philosophiques et sa grande sympathie pour la société des gens de lettres, gardait tous les préjugés d'une bourgeoise. Elle n'apprécia pas ce compliment équivoque.

« Je ne vous comprends pas, Madame, s'empressa-t-elle de répondre avec son air guindé. Ma fille n'est pas d'assez bonne maison pour devenir une vraie princesse, et elle est trop bien élevée pour devenir une princesse de théâtre. »

La maîtresse du Roi, comme on se l'imagine, sourit à cette boutade, elle avait déjà décidé dans son esprit que Sophie Arnould entrerait à l'Opéra. Or, ses désirs faisaient loi.

Quelques jours après la visite à Versailles, Mme Arnould reçut une lettre timbrée du sceau royal. Cette lettre l'informait qu'elle et sa fille étaient nommées musiciennes de la Reine. Quelques heures plus tard, une autre lettre non moins officielle lui annonçait que Mlle Arnould était nommée musicienne de Sa Majesté le Roi, et devrait chanter à l'Opéra.

Cette dernière communication ne fut point du goût de la mère de Sophie.

Chanter devant la bonne et vertueuse Marie Leczinska lui semblait sans danger pour sa fille, mais elle ne pensait pas qu'aucune jeune fille pût se garder honnête à l'Opéra. Craignant de voir son enfant se perdre, elle prit la détermination de mettre Sophie au couvent, et dans ce but alla rendre visite à l'abbesse de Panthémont.

Dès que l'abbesse fut au courant, elle se refusa avec énergie à recevoir la jeune fille.

Il était assez dangereux d'agir contre les désirs du Roi,
mais rien ne pouvait l'être davantage que de résister à
Mme de Pompadour. Dans deux autres couvents ce fut la
même réponse, et Mme Arnould finit par comprendre
qu'elle n'avait plus qu'à faire bon visage à sa mauvaise
fortune.

*
* *

On raconte dans les mémoires inédits de Sophie
Arnould que sa mère eut le désir de la marier à un
vieillard, le chevalier de Malézieux, si épris de Sophie
qu'il offrait de lui constituer une rente de quarante mille
livres par an. Mais si Mme Arnould montrait quelque
penchant pour ce mariage, Sophie y répugnait absolument. Son père, d'ailleurs, ne voyait pas ces projets d'un
air très favorable; en tout cas, il n'usa point de son
autorité paternelle pour contraindre Sophie à y céder.

Comme Sophie ne pouvait ni entrer en religion, ni se
marier, il ne restait qu'à obéir aux ordres du Roi et à permettre à la jeune fille d'entrer à l'Opéra.

Mme de Conti s'efforça de convaincre Mme Arnould en lui
assurant que sa fille ne serait pas appelée avant plusieurs
mois à paraître sur la scène, et qu'elle ne chanterait
que dans les concerts spirituels.

A ce moment, les directeurs de l'Opéra ne faisaient
pas de brillantes affaires ; ils étaient anxieux de trouver
quelque chose qui fût capable de réveiller le goût du public,
et l'on prit Mlle Arnould pour chanter un air épiso-
dique dans un ballet.

Le début de Sophie Arnould eut lieu le 15 décembre
1757.

Même de nos jours, les acteurs et les actrices attachent un sens superstitieux aux premiers mots qu'ils sont appelés à prononcer sur la scène ou à ceux qu'ils disent pour la première fois dans un nouveau théâtre. Or, ce fut dans un ballet de Mouret, *les Amours des dieux*, que Sophie fit son apparition, et ses premières paroles furent : *Charmant amour*. Invocation qui ressemble à un présage pour celle qui devait se rendre célèbre par ses attachements passionnés.

Bien qu'une apparition aussi courte lui offrît peu de ressources pour montrer ses talents, elle fut de suite en faveur auprès du public. Tous ceux qui l'entendirent s'accordèrent pour déclarer que sa voix, bien que sans étendue, était suave, et qu'elle possédait ce don relativement rare de traduire avec une expression merveilleuse les sentiments les plus pathétiques.

L'art de la scène lui avait été enseigné par Mlle Clairon, la plus grande tragédienne du temps, et elle s'était perfectionnée dans le chant avec Mlle Fel.

Élève intelligente et d'esprit ouvert, elle était douée du véritable instinct dramatique et, bien que jeune et inexpérimentée, absolument maîtresse de ses nerfs. Ces dons joints à sa beauté en eurent bientôt fait une étoile.

Le jeudi devint le jour élégant de l'Opéra parce qu'elle y paraissait, et toutes les fois qu'elle chantait le théâtre était assiégé, ce qui fit dire à Fréron que « le monde se donnait beaucoup plus de mal pour entrer à l'Opéra qu'on ne s'en donne pour entrer au Paradis. »

Le second rôle de Sophie Arnould lui fut donné dans *la Provençale*. Cette pièce n'était en réalité qu'un acte

ajouté à un opéra-ballet de Lafond, musique de Mouret :
les Fêtes de Thalic, qui avait été représenté pour la première fois en 1714 et repris en 1722, avec *la Provençale*. Il
n'était pas rare à cette époque qu'un opéra-ballet fût
composé de deux ou trois actes ayant chacun une intrigue
différente et sans corrélation.

L'intrigue de *la Provençale*, quoique très simple, offrait
cependant des ressources pour une artiste habile.

« Une très belle jeune femme vit depuis son enfance
dans un château au bord de la mer; comme elle ne con-
naît personne en dehors de ses seuls compagnons : sa
gouvernante et un vieux tuteur, ceux-ci n'ont pas de
peine à lui persuader qu'elle est extrêmement laide;
mais un jeune homme qui s'en éprend lui fait voir son
erreur et l'arrache à sa prison[1]. »

Le 13 avril 1758, la jeune actrice eut pour la première
fois à chanter un rôle important, celui de Lavinie dans
Énée et Lavinie, opéra tragique en cinq actes, écrit par
Fontenelle, et mis en musique par d'Auvergne. Cet opéra
était ancien; il avait été joué pour la première fois en
1690, avec musique de Colasse, un élève de Lulli.

Le compositeur était mort depuis longtemps, mais
Fontenelle presque centenaire vivait encore. Quand
d'Auvergne commença la musique de cet opéra, il alla
consulter le vieil écrivain, et Fontenelle lui répondit :
« Monsieur, vous me faites trop d'honneur, il y a maintenant soixante ans que cet opéra fut représenté pour la

---

1. *Annales dramatiques*, 1809, vol. IV, p. 106.

première fois : ce fut un échec, mais je n'ai jamais entendu dire que ce fut la faute du musicien. »

D'Auvergne ne se découragea pas et n'eut pas de raison d'être mécontent du résultat, bien que Sophie Arnould fût probablement la seule cause du succès. Il y avait alors peu de critiques dramatiques, mais les rares gazettes du temps sont remplies d'éloges pour l'actrice ; on lui dit que la tragédie lui convient mieux que la comédie, mais que si elle désire exceller dans les deux elle n'a qu'à obéir à son propre génie : grâce touchante et naturelle, intelligence, verve, sincérité d'expression, telles sont les qualités qu'on lui accorde. On voit que Sophie Arnould était auprès des critiques en aussi grande faveur qu'auprès du public.

Elle dut prendre quelquefois dans cet opéra le rôle de Lavinie, quelquefois aussi celui de Vénus, peut-être les joua-t-elle alternativement.

Peu après, Sophie créa trois petits rôles dans un opéra-ballet, *les Fêtes de Paphos*. La musique était de Mondonville, mais les trois actes étaient écrits par des auteurs différents. Le premier, *Vénus et Adonis*, était de Collet ; le livret en était d'une incroyable platitude.

Le second, *Bacchus et Érigone*, de Labruère ; assez bien écrit, mais froid, sans naturel et mal composé.

Le troisième acte, *l'Amour et Psyché*, était de beaucoup le plus attrayant et le mieux écrit : c'était l'œuvre de l'abbé Voisenon. Bien que de goût peu austère, Voisenon ne se souciait pas de faire connaître au public qu'il était l'auteur de cet acte : cette réserve eut pour conséquence de susciter les réclamations de deux ou trois

personnes qui voulurent se faire attribuer la paternité de
cet ouvrage.

Parmi ceux qui réclamaient se trouvait Mondonville
qui, non content d'avoir écrit la musique pour l'opéra,
déclara qu'il était l'auteur de cet acte; et le duc de
Lavallière, entendant parler de cette présomption, s'écria :
« Je sais que Mondonville se vante d'être l'auteur des
paroles de Psyché; mais s'il continue à débiter cette
fable, je dirai partout, moi, que j'en ai fait la musique. »

Cette anecdote et les remarques sur la pièce et ses
auteurs sont tirées du journal et des mémoires de Charles
Collé, qu'il ne faut pas confondre avec le Collet dont il
est parlé plus haut. Ce Collé était un auteur dramatique,
homme de lettres et secrétaire intime du duc d'Orléans.
Une de ses pièces, *la Chasse de Henri IV*, fut jouée pendant longtemps; il est même possible qu'on la jouerait
encore si des raisons politiques ne s'y opposaient. Cet
auteur était habile à ce jeu d'esprit qui consiste à composer des vers rythmés suivant les règles mais
n'ayant aucun sens. Un jour qu'il en récitait chez Mme
de Tencin, — les ayant annoncés comme un poème
d'amour, le vieux Fontenelle, qui était présent, pria
l'auteur de répéter ses vers, pensant n'en avoir pas saisi
le sens à la première lecture : « Eh! grosse bête! s'écria
« Mme de Tencin, ne vois-tu pas que ce couplet n'est
« que du galimatias? — Vraiment, Madame, répondit
« le vieil écrivain, il ressemble si fort à tous les vers
« que j'entends lire et chanter ici qu'il n'est pas surpre-
« nant que je me sois mépris. »

Collé assistait à la représentation des *Fêtes de Paphos*

et paraît n'en avoir pas été satisfait, bien qu'il n'ait que
des éloges pour l'actrice.

« La musique de ce ballet, dit-il, fut trouvée pitoyable
à la première représentation, et il n'en aurait pas eu
six sans la circonstance heureuse du jeu d'une jeune
actrice, qui n'a paru que cet hiver, et qui en quatre mois
de temps est devenue la reine de ce théâtre. Je n'ai point
encore vu dans la même actrice rassemblés à la fois
plus de grâces, de vérité, de sentiment, de noblesse
d'expression, de belles attitudes, d'intelligence et de
chaleur; je n'ai point encore vu de plus belles douleurs;
toute sa physionomie les peint, en rendant toute l'horreur sans que son visage perde les moindres traits de sa
beauté. Si la nature lui eût donné les deux tiers de la
voix de Mlle Le Maure, elle vaudrait deux fois mieux
que cette chanteuse, qui sera célèbre à jamais; je parle de
Mlle Arnould, qui n'a pas encore dix-neuf ans, et que
malgré cela on ne doit pas espérer de conserver longtemps à l'Opéra : elle n'a point la force nécessaire; les
directeurs actuels la tuent et la tueront, et je crains fort
qu'elle ne soit pas bien longue à expédier[1]. »

Collé était sans aucun doute meilleur critique qu'il
ne fut bon juge en son diagnostic, puisque Sophie
Arnould continua de tenir la scène pendant vingt ans et
vécut encore un quart de siècle après sa retraite.

---

1. COLLÉ, *Journal et Mémoires*, vol. II, p. 147.

CHAPITRE II

Une des raisons qui durent, en partie, réconcilier Mme Arnould avec sa fille, fut que ses appointements devaient lui être d'une extrême utilité. Les affaires depuis quelque temps n'avaient pas été très prospères. M. Arnould avait perdu une grande partie de son argent dans des spéculations malheureuses, et une longue et sérieuse maladie avait eu pour résultat de creuser un profond déficit dans ses ressources déjà diminuées. Il s'était vu obligé de quitter sa maison de la rue du Louvre pour venir habiter l'hôtel de Lisieux, dans la rue de Béthisy, près la rue des Fossés-Saint-Germain-l'Auxerrois, et convertir en hôtel meublé sa nouvelle résidence. Une enseigne au-dessus de la porte annonçait aux *personnes de province* visitant Paris qu'elles pouvaient y trouver de bonnes chambres à 30 sous la nuit.

Nous ne pouvons dire si beaucoup de personnes de

province profitèrent de cette offre. Mais peu de temps après le début de Sophie à l'Opéra, un nouveau locataire vint à l'hôtel de M. Arnould, paraissant disposé à y faire un long séjour. C'était un jeune homme d'à peu près vingt-cinq ans, d'allures aristocratiques, mais d'une certaine excentricité dans les manières. Il dit se nommer Dorval, être artiste et poète, venu à Paris pour étudier et faire jouer une pièce ; quoi de plus naturel, par conséquent, que de prendre logement dans une maison où il était susceptible de rencontrer une excellente compagnie de lettrés.

Les Arnould auraient dû penser que les poètes et les peintres en général travaillent beaucoup plus et n'ont pas tant d'argent que n'en montrait leur nouveau locataire, mais comme il payait régulièrement et généreusement, il est probable qu'ils ne se donnèrent jamais la peine de s'enquérir de la vérité. Ses habits étaient vraiment trop au-dessus de ceux que portent les poètes pauvres qui ne peuvent guère, en général, s'adonner à leur goût pour les dentelles authentiques. Il vivait bien, recevait à chaque instant des bourriches pleines ou des vins de choix qu'il offrait toujours de partager avec les Arnould.

Très peu de temps suffit pour qu'il devînt tout à fait l'ami de la famille. Il prenait ses repas avec eux et le soir jouait au tric-trac avec M. Arnould, ou discutait philosophie et lisait le poème récent à Mme Arnould. Il paraissait se soucier fort peu de Sophie, n'ayant point d'autres égards pour elle que ceux d'une simple politesse, mais donnait de grandes marques d'attention à sa mère qui ne doutait pas qu'il ne fût un jeune homme très sensible et fort distingué, et était très loin de suspecter ses intentions.

Cela dura quelque temps. Un soir, après que Dorval eut joué sa partie habituelle avec M. Arnould, — il avait fait venir les larmes aux yeux de Mme Arnould en lui récitant des vers fort attendrissants —, tous regagnèrent leurs chambres, mais ni Dorval ni Sophie n'allèrent se coucher. Aussitôt que tout fut dans le calme, une voiture vint s'arrêter au coin de la rue; un valet en descendit et pénétra dans l'hôtel de Lisieux à l'aide d'une double clef, gravit sans bruit les escaliers et frappa à la porte de Dorval. Une minute après, Dorval en sortait tout habillé, Sophie parut hors de sa chambre, et le trio, doucement, à petits pas, descendit, passa la porte de l'hôtel et la voiture les emporta.

Grande dut être, le matin, la consternation de Mme Arnould quand on découvrit l'absence de Sophie et de Dorval. Mais deux jours après, dans la journée, un laquais vêtu d'une magnifique livrée fit son apparition, portant une lettre pour Mme Arnould. La lettre était signée comte de Lauraguais. Elle disait que celui-ci, depuis longtemps, admirait Sophie et que pour la gagner il avait caché son rang et s'était donné pour un poète. Il ne pouvait malheureusement pas épouser Sophie puisqu'il était déjà marié, mais il ajoutait que s'il devenait veuf un jour, son premier soin serait de rendre légitime son union avec la seule femme qui se soit rendue maîtresse de son cœur, etc., etc.

Pauvre Mme Arnould qui s'était vantée auprès de

Mme de Pompadour de ce que sa fille était trop bien élevée pour devenir une princesse de théâtre, quel visage dut-elle faire en lisant cette lettre ! Mais peut-être son chagrin s'adoucit-il en apprenant que le comte de Lauraguais était le fils du duc de Villars-Brancas, pair de France, chevalier de la Toison d'or et lieutenant général de l'armée. Si le jeune homme au moins agissait honorablement comme il le promettait, Sophie pouvait un jour être duchesse.

*
* *

Le premier amant de Sophie Arnould n'était pas un homme qui pût la rendre heureuse, et bien qu'il eût des qualités, il était jaloux, passionné, excentrique et plein de suffisance.

Louis-Léon-Félicité, comte de Lauraguais, depuis duc de Brancas, était né à Paris le 3 juillet 1733; il mourut dans cette ville le 9 octobre 1824. Il fit preuve, dès son jeune âge, de goûts littéraires et écrivit, à peine adolescent, une tragédie. Au sujet de cette production, il disait à ses amis que jusqu'alors la France ne possédait pas de vraie tragédie, mais qu'il avait comblé cette lacune. Acteurs et directeurs ne furent cependant pas séduits et la pièce ne put être jouée. Alors il se mit à la farce et écrivit *la Cour du roi Pétaud*.

Collé raconte ainsi la pièce :

« La première scène se passe entre les courtisans qui attendent le roi, qui est à la cuisine. Dans la seconde scène, le roi, en tablier gras, le bonnet blanc sur la tête et le couteau sur la hanche, vient lui-même apporter, aux seigneurs qui l'attendent, les petits pâtés qu'il a faits. Ils

en goûtent tous à l'envi l'un de l'autre. Tous se récrient
sur leur bonté. « Ils sont excellents! délicieux! divins!
Jamais on n'en a fait comme ceux-là! Les plus habiles
cuisiniers n'en approchent pas! etc. » Un vieux courtisan, qui en a goûté, est le seul qui, d'un air rêveur, reste
appuyé contre une cheminée, et qui n'en fasse pas l'éloge.
Cela attire l'attention du roi Pétaud, qui dit à ce vieux
renard : « Mais, un tel, vous ne m'en dites rien, vous.
Parlez-moi sincèrement. Est-ce que vous ne les trouve-
riez pas si merveilleux, vous? »

— Pardonnez-moi, sire, répond le courtisan à cheveux
blancs; ils sont excellents, assurément. Mais si votre
Majesté me permet de lui parler sans flatterie, je lui dirai
que la tourte de bécasse qu'elle fit avant-hier m'a paru
être infiniment supérieure à ces petits pâtés-ci, quoiqu'ils
soient bien bons. »

Le roi frappe d'un air d'amitié sur l'épaule du vieux
courtisan, et lui dit : « Continuez, j'aime toujours que
l'on me dise la vérité, moi! »

Cette farce fut envoyée aux comédiens italiens; il est
à peine utile de dire qu'on la refusa. Là-dessus, le comte
de Lauraguais lit sa pièce à son père, le duc de Brancas,
la lui donnant pour l'œuvre d'un jeune homme auquel il
s'intéressait, et lui demande d'user de son influence
auprès du ministre pour forcer les comédiens à recevoir
la farce. Le duc la déclare excellente, va droit chez le
ministre qui s'en égaye aussi et dicte aussitôt un ordre
pour obliger les comédiens à recevoir *le roi Pétaud*.
Mais comme on allait envoyer l'ordre, quelqu'un de plus

sensé qui assistait à cette lecture fît remarquer que Sa
Majesté le roi Louis XV aimait fort lui aussi préparer des
plats de ses mains royales, qu'il pourrait par conséquent
regarder la pièce comme une injure à sa personne et que,
si on la jouait, le résultat probable serait la fermeture du
théâtre, que le ministre perdrait sa place et que l'auteur
et le duc de Brancas seraient envoyés à la Bastille. Il
est superflu d'ajouter que le ministre et le duc maudissant leur sottise furent aussi prompts à supprimer la
désagréable farce qu'ils l'avaient été tout à l'heure de
commander sa représentation [1].

En 1755, — environ trois ans avant qu'il fît la connaissance de Sophie Arnould, — le comte de Lauraguais
avait épousé la princesse d'Isingheim, une femme de
grand cœur et d'une telle générosité de caractère qu'elle
éleva deux des enfants illégitimes que son mari eut de
l'actrice.

Peu de temps après sa fuite avec Sophie Arnould, le
nom du comte de Lauraguais vint encore d'une façon très
marquée à la connaissance du public, mais cette fois
comme celui d'un réformateur. Jusqu'alors on avait gardé
la coutume de permettre aux gentilshommes d'occuper
des sièges sur le théâtre ; ceux-ci se trouvaient naturelle-
lement mêlés aux évolutions des acteurs et gâtaient
ainsi complètement les effets des plus belles scènes.
L'absurdité de cette disposition avait frappé les acteurs
eux-mêmes aussi bien que les spectateurs délicats. Le
comte de Lauraguais proposa aux acteurs de la Comédie-

---

1. COLLÉ, *Journal et Mémoires*, t. III, p. 48.

Française de reconstruire l'auditorium et de disposer
dans l'espace ainsi gagné les sièges placés sur la scène.
Les acteurs ne furent que charmés d'accéder à cet arrangement, mais ils hésitaient devant la dépense que néces-
siteraient les transformations, dépense qu'ils estimaient
à 12.000 francs. Le comte offrit de les payer de sa
poche, et le 31 mars 1759 les ouvriers commencèrent les
travaux. Le 23 mai, le théâtre fit sa réouverture et le
public applaudit à ce changement d'aspect. Grimm
remarqua que ce changement, non seulement obligerait
les acteurs à faire les frais d'une mise en scène plus convenable, mais créerait une révolution dans le « jeu
théâtral », car les comédiens ne seraient plus désormais
forcés de se ranger en rond, comme des marionnettes[1].
Il se mêla pourtant un peu d'absinthe dans tout ce miel
lorsque l'on présenta le mémoire pour ces transformations; ce mémoire s'élevait à 40.000 livres. Les acteurs
cherchèrent à prouver que ces travaux n'avaient été
entrepris que sur la promesse du comte de Lauraguais
de payer la dépense, mais celui-ci répondit qu'il ne
s'était engagé que pour 12.000 livres, prix de l'estimation,
et que là se bornaient ses promesses[2].

Ce qui diminue quelque peu l'importance du service
qu'il avait été à même de rendre à la Comédie-Française,
c'est qu'il s'attendait à voir représenter à ce théâtre une
pièce de sa composition. Par gratitude, les acteurs
n'auraient pas voulu refuser; mais celle-ci, une tragédie

---

1. *Correspondance*, vol. IV, p. 111.
2. COLLÉ, *Journal et Mémoires*, vol. II, p. 170.

en trois actes, en prose, sur le sujet *Iphigénie en Tauride*, était sinon mauvaise, du moins contraire à toutes les règles de l'art dramatique alors en vigueur. « Heureusement pour lui, dit Collé, il retira sa tragédie. »

Le même écrivain raconte aussi que M. de Lauraguais avait à ce moment une autre tragédie prête intitulée *la Colère d'Achille*. Il la lut au comte du Luc. « Vous confesserez, au moins, dit-il, comme il refermait le manuscrit à la fin de sa lecture, que j'ai dépeint très naturellement la colère du héros. »

« — Oh! oui, répondit le duc, une colère de dindon. »

*
* *

La fuite de Sophie Arnould avec le comte de Lauraguais fut pendant quelques jours la fable de toute la ville et l'on montra beaucoup de sympathie pour l'épouse abandonnée. L'abbé Arnauld sermonna le comte sur sa conduite, et la seule défense que de Lauraguais put présenter fut de s'étendre sur la beauté, le talent et l'esprit de sa maîtresse.

« Avez-vous tout dit, répondit l'abbé. Mettez le mépris public dans l'autre côté de la balance. »

Le comte avec son feu habituel embrassa l'abbé en s'écriant :

« Je suis le plus heureux des hommes, j'ai tout à la fois une femme vertueuse, une charmante maîtresse et un ami sincère. »

La liaison du comte et de Sophie fut d'une durée assez longue pour deux êtres aussi inconstants, puisque l'actrice eut de son amant quatre enfants, trois fils et une fille. Ils devaient à la fin se lasser l'un de l'autre; mais pendant les deux premières années, ce fut le couple le plus épris. Sophie avait à peine dix-huit ans quand elle quitta la maison paternelle, et si l'on peut en juger d'après le portrait de La Tour dont une copie, gravée par Bourgeois de la Richardière, est en frontispice au livre *Arnoldiana*, elle dut être extrêmement belle. L'original fut exécuté au pastel. La Tour, en effet, ne se servit jamais d'autre matière, ses nerfs étaient si délicats que le mélange des couleurs avec un liquide odorant le rendait malade. D'ailleurs, cette extrême sensitivité eut pour résultat de lui faire atteindre, dans cette branche de l'art qu'il avait faite sienne, à une grâce merveilleuse et à une délicatesse d'exécution telle qu'elle rendit les artistes si jaloux de son talent qu'ils refusèrent d'admettre ses œuvres au Salon.

Sophie Arnould est représentée dans ce portrait, chantant, la bouche entr'ouverte et ses grands yeux pleins d'expression tournés vers le ciel. Le visage est ovale, les traits fins et réguliers. Les sourcils sont longs et arqués, et la chevelure abondante paraît poudrée. L'inscription, sous la gravure, dit que le portrait la représente dans le rôle de Psyché de l'opéra-ballet *Zélindor*. Aucun opéra de ce nom n'est mentionné par Fétis, Campardon, Crozet, Clément et Larousse, mais c'est évidemment le même ouvrage qui sous le nom de *Zélie et Lindor* est cité par Grimm comme une pièce très mauvaise et sans valeur, jouée en 1763 et promptement retirée de la scène. Sophie Arnould devait avoir alors vingt-trois ans.

Le portrait, à la plume, le plus complet que nous ayons
d'elle est de sa main et, naturellement, son témoignage
ne peut être compté pour impartial. Elle y dit que bien
que sa taille fût petite, elle était souple et bien formée,
« J'ai la jambe bien faite, le pied petit, et la main et le
bras modelés; les yeux vifs et un visage franc, plein
d'attrait et d'intelligence. »

On voit qu'elle avait une assez bonne opinion d'elle-
même, bien qu'il soit juste de dire que le portrait de
La Tour ne dément pas la flatteuse description qu'elle
donne de ses charmes. Grimm et Collé disent tous deux
de son talent qu'il était rehaussé par sa jeunesse et sa
beauté, mais Mme Vigée-Lebrun écrit « qu'elle n'était pas
jolie, que sa bouche gâtait la beauté de son visage, mais
que ses yeux lui donnaient un air piquant, et montraient
tout l'esprit qui la rendit célèbre. »

Toutefois, contre cet accord d'opinions quelques notes
défavorables sont à citer. M. de Sartines, lieutenant de
police, employait des « inspecteurs » qui devaient coucher par écrit tout ce qui se passait à Paris et le lui
adresser. Ces rapports ne sont pas d'une lecture très
intéressante et consistent surtout en bavardages sur les
cocottes les plus en vue du jour, tels que : « L'ambassadeur de Russie est de retour à Paris depuis hier et a aussitôt rendu visite à Mlle A. en ses appartements du Palais-
Royal », ou bien « le comte B. a congédié Mlle C. et a
pris pour maîtresse Mlle D. de l'Opéra. » Une connaissance aussi intime des faits et gestes de ces
demoiselles fait présumer que si celles-ci n'écrivaient
pas elles-mêmes les rapports elles devaient inspirer les

rédacteurs. Beaucoup de ces demi-mondaines regimbaient aux piquantes saillies de Sophie Arnould et elles se servaient probablement de ces rapports pour se venger. Peut-être là est l'origine de ce portrait très peu flatteur de Mlle Arnould, tracé par un des inspecteurs de M. de Sartines : « Je l'ai vue au sortir de son lit, elle a la peau noire et sèche, et sa bouche toujours pleine de salive vous envoie la crème de son discours au visage [1]. »

M. de Goncourt regrette de trouver cette caricature confirmée par un autre écrivain qui ne lui trouve « rien de merveilleux, une figure longue et maigre, la bouche horriblement laide, les dents grandes et déchaussées, et une peau noire et grasse [2]. » Il est très possible que les deux descriptions soient dues à une même personne, à la fois pamphlétaire, espion policier et entremetteur. La contradiction qui fait écrire dans un cas une peau *sèche*, dans l'autre une peau *grasse*, doit être due à un défaut de mémoire, car il n'est pas probable que l'inspecteur ait pris copie de son rapport.

D'autres récits nous apprennent que ses dents étaient très mauvaises et que plusieurs étaient cariées au point de lui donner une haleine insupportable. Il est difficile de vérifier si ces dires ont quelque fondement, mais la science de l'odontalgie n'était pas très avancée en ce temps-là, et si elle eut à souffrir d'un tel mal elle n'aurait pu trouver d'autre remède que celui d'une extraction de toutes les dents ainsi affectées.

---

1. *Documents inédits sur le règne de Louis XV.* Bruxelles, 1863.
2. *L'Espion anglais*, 1809.

M. de Sartines doit avoir eu des sources d'information
plus dignes de confiance que celles qui lui venaient de
ces inspecteurs ou sa réputation d'omniscience n'aurait
eu qu'une base peu solide[1]. Bien des notes à lui remises
sont complètement fausses. Sophie Arnould y est peinte
comme une femme intéressée, avare et extravagante, qui
a coûté à son amant cent mille livres et l'a laissé pour
un admirateur plus riche quand elle a vu que sa bourse
montrait le fond.

Cela ne concorde pas avec l'anecdote relatée par
Diderot dans ses Mémoires, qui dit la tenir de l'abbé
Raynal. Sophie Arnould se trouvait un jour en compagnie d'une demi-mondaine, celle-ci remarqua que l'actrice
ne portait pas de diamants.

« — Est-il possible, Mademoiselle, que vous n'ayiez
pas de diamants ? »

« — Non, Madame, et je ne pense pas que cela soit
nécessaire à une petite bourgeoise de la rue de La Tour. »

« — Ah! vous avez alors, je suppose, une belle pension ? »

« — Pourquoi aurais-je une pension? M. de Lauraguais a une femme et des enfants, un rang à tenir, et
je ne puis honnêtement accepter une part d'une fortune
qui, légitimement, appartient à d'autres. »

L'interlocutrice de Sophie fut si surprise de cette doc-
trine qu'elle ne sut que dire :

« — Mais, si j'étais à votre place, je le quitterais ! »

« — Cela se peut, répliqua Sophie, mais il m'aime et

---

1. V. *La vie et le temps de Mme du Barry*, par R. B. Douglas.

je l'aime. J'ai peut-être été imprudente de le prendre,
mais cela est fait, je le garderai. »

En tout cas, Sophie ne payait pas ses dettes, puisque,
le 13 novembre 1759, Jean-Baptiste Delamarre, huissier,
agissant pour le compte de Jean-Baptiste Desper, coiffeur, requérait l'assistance du commissaire de police pour
pratiquer une saisie-exécution dans un appartement
situé au premier étage d'une certaine maison de la rue
de Richelieu. Ledit appartement avait été loué à bail
pour trois, six et neuf années, par la demoiselle Arnould,
de l'Opéra, au loyer de 2.400 livres par an. Près d'un
an s'était écoulé depuis la signature de l'acte de location,
daté du 11 novembre 1758, et le coiffeur Desper n'avait
rien vu venir comme paiement. Une *opposition* fut faite
sur les *biens* de Mlle Arnould en présence du commissaire de police, et les meubles saisis furent laissés à la
garde d'un certain M. Chevalier, fruitier.

*
* *

L'Opéra n'avait pas fait appel aux talents de Sophie
Arnould après la représentation de *Enée et Lavinie*. La
seule autre pièce jouée dans le cours de l'année 1758 fut
les *Fêtes d'Euterpe*, opéra en quatre actes, dû à la collaboration de plusieurs écrivains, mis en musique par
d'Auvergne, le compositeur à la mode. Il n'y eut qu'une
nouvelle œuvre, celle-là insignifiante, intitulée *Fragments héroïques*, jouée en 1759 ; mais bientôt après, en
1760 (le 12 février), eut lieu la première représentation
de l'opéra *les Paladins*. La musique en était de Rameau,
le plus grand compositeur dont la France pût alors se

glorifier. Le livret, de Monticour, était médiocre, et Rameau prit assez de liberté avec les paroles. A l'une des répétitions, Rameau ne cessait de dire à l'une des actrices de mener un certain air beaucoup plus rapidement.

« — Mais si je chante aussi vite, dit l'artiste, le public ne pourra pas entendre les paroles. »

« — Cela ne fait rien, répondit le compositeur, j'ai seulement besoin qu'ils entendent ma musique. »

Malgré la réputation de Rameau, *les Paladins* n'eurent pas de succès et la pièce fut aussitôt retirée, avant que le public ait eu le temps d'apprendre à goûter la musique. « La poire n'était pas mûre, » dit Rameau, et Sophie Arnould de lui répondre : « Cela ne l'a pas empêchée de tomber. »

*
* *

En dehors de la réputation dont elle jouissait à la scène, Sophie Arnould s'était fait une célébrité plus durable au foyer. Quand, tout enfant, elle s'essayait, dit-elle, à des remarques pleines de finesse pour fixer l'attention des personnes d'esprit qui se trouvaient parfois en visite chez sa mère, et s'attirait ainsi des éloges sur sa précocité, elle avait bientôt remarqué que plus mordante était la plaisanterie, plus elle avait de succès, comme en témoignaient l'air mortifié de celui qu'elle touchait, et l'amusement des auditeurs. Ce fut donc la causticité qu'elle cultiva, et quand elle fut lancée dans le monde, elle y trouva mille sujets d'exercer sa raillerie. Beaucoup de ses saillies les plus piquantes furent lancées aux dépens de ses compagnes de théâtre, dont les mœurs n'étaient pas plus mauvaises que les siennes; mais comme elle avait, ou affectait d'avoir, une cynique indifférence au sujet de sa propre réputation, elle arrêtait net toutes les répliques.

Elle devint bientôt célèbre pour ses promptes réparties, et il y avait alors peu d'hommes·d'esprit — bien qu'ils fussent assez nombreux en ce XVIIIe siècle — qui essayassent de lutter de persiflage avec elle. On craignait tant son esprit ironique que l'on voulait trouver un sarcasme voilé, même dans ses remarques les plus innocentes. Sydney Smith dit que lorsqu'elle demandait du sel, ou bien ouvrait la bouche pour se mêler à la conversation, ses auditeurs commençaient déjà à rire au trait qu'ils supposaient caché dans ses paroles. Elle a, elle-même, raconté que la seule fois qu'elle vit de près Louis XV, le roi était à table. Il portait un verre à ses lèvres quand elle rencontra son regard. Involontairement, elle s'écria : « Le roi boit! » Louis rougit, posa son verre, et fit un signe à l'un des courtisans de la conduire hors de la salle.

Ce furent surtout les compagnes de théâtre de Sophie Arnould qui lui servirent de plastrons. Aucune n'échappa à ses épigrammes impitoyables; elles les enduraient du mieux qu'elles pouvaient. L'une d'elles, Mlle Peslin, la pria sèchement de ne plus parler d'elle, « ni en bien ni en mal. »

« Ah! ma chère, répondit Sophie, je ne pourrai jamais t'obéir qu'à moitié. »

Mlle Beaumenard et Mlle Guimard furent les premières

victimes de l'esprit de Sophie. Quand celle-ci commença
sa carrière dramatique, la première était la maîtresse
d'un fermier général nommé d'Ogny, qui lui avait fait
don d'une magnifique rivière de diamants. Quelqu'un
faisant devant Sophie l'éloge de cette parure splendide
ajouta que son seul défaut était d'être trop longue et de
descendre beaucoup trop bas.

« C'est qu'elle retourne vers sa source », dit la spirituelle actrice.

Cette demoiselle Beaumenard, parmi ses nombreux
amants, avait un Anglais avec lequel elle se prit de
querelle et qui vint vers Sophie pour la prier de le
réconcilier avec sa maîtresse.

« — Dites-moi d'abord ce qui vous a brouillé », lui
dit Sophie.

« — Vous savez bien qu'elle a un petit épagneul,
répondit l'Anglais, ce petit animal venait toujours me
mordre les jambes : je lui ai donné un coup de pied et
il en est mort. Pour réparer le mal, je lui ai porté un
joli petit chien anglais ; elle a pris la petite bête, l'a
jetée par la fenêtre, et il est resté mort sur le pavé. »

« — Encore, repartit Sophie, mais c'est le massacre
des Innocents que cette histoire-là. »

Après avoir ruiné toute une armée de riches amants,
Mlle Beaumenard épousa Belcourt, un des acteurs de
l'Opéra. Ses charmes s'étaient fanés avec le temps et
elle menait une vie, assez régulière depuis son mariage.
Quelqu'un, faisant allusion à son ancienne carrière,
disait qu'elle était à cette époque comme une girouette
tournant chaque jour au gré d'un nouvel amant.

« — Oui, répondit Sophie, toujours prompte à la riposte, et tout à fait la girouette qui ne se tient en repos que lorsqu'elle est rouillée. »

Mlle Guimard, autre plastron de Mlle Arnould, était danseuse. Elle était très petite et maigre, et l'on se livrait à beaucoup de plaisanteries sur sa taille si mince, comme on le faisait, il y a quelques années, à propos d'une grande actrice encore vivante. Sophie Arnould, la voyant danser un pas de trois avec deux danseurs, Gardel et Dauberval, dit : « Je crois voir deux chiens qui se disputent un os. »

Mlle Guimard fut célèbre par ses aventures galantes ; elle possédait en ses plus beaux jours un magnifique hôtel, Chaussée d'Antin, à l'endroit où se trouve aujourd'hui une partie de l'Opéra. Sa charité était extrême et son cœur excellent, mais ses bonnes qualités ne la sauvèrent pas des piquants propos de Sophie Arnould, et l'on eût pu croire qu'elle était jalouse des riches amants que Mlle Guimard avait toujours à sa suite. Mlle Guimard fut plus remarquée pour sa beauté que pour la légèreté et la grâce de ses mouvements, bien qu'elle n'ait pu être aussi maladroite que le prétendait Sophie. Celle-ci eut cette méchante phrase, quand une pièce de décoration tomba sur la danseuse et lui brisa le bras : « Que c'était grand dommage que ce ne fût pas la jambe, cela ne l'eût pas empêchée de danser. »

Ce n'était pas seulement aux dépens de ses camarades que Mlle Arnould donnait libre cours à son esprit. Elle avait une raillerie toute prête pour chaque personne dont le nom pouvait tomber au milieu des commérages du foyer, et bien qu'on n'ait à peine conservé la centième partie de ses mots, on ne peut douter que chacun n'ait été répété à la personne qu'il touchait. Un certain duc, dont la sottise et la vanité avaient souvent été l'objet des plaisanteries du foyer, s'approchant un jour de Sophie Arnould, lui dit : « Il paraît, Mademoiselle, que vous faites le bel esprit et que vous raillez vos supérieurs. »

« — Moi, faire le bel esprit! répondit Sophie avec une naïveté feinte, oh! pas plus que vous, Monseigneur. »

CHAPITRE III

Le comte de Lauraguais compose une[1] tragédie et la porte
à Voltaire. — Sophie congédie son ancien amant, en prend un
nouveau, puis revient au premier. — Le comte de Lauraguais
imprime sa tragédie. — Succès de Sophie au théâtre. — Un
pamphlétaire du xviiie siècle. — Sophie cultive les vertus domestiques.

(1761-1762)

La liaison de Sophie Arnould et du comte de Lauraguais durait depuis trois ans quand elle s'interrompit en
1761. Le comte était d'un tempérament primesautier;
c'était un homme entêté, passionné, ayant une demi-
douzaine de dadas qu'il essayait de monter à la fois. On
pourrait donner une brève et très complète esquisse de
son caractère en citant les fameuses lignes de Dryden
sur le duc de Buckingham dans son *Absalom et Achito-
phem* : « C'était un chimiste d'assez grande érudition,
s'efforçant d'être un homme d'État ou tout au moins un
réformateur public, et se mêlant de législation, de
lettres, de médecine et d'une demi-douzaine d'autres
sujets. » Voltaire a dit de lui : « Il avait tous les talents
et toutes les excentricités possibles avec plus d'esprit et
de connaissance qu'aucun homme de son rang.[1] »

---

1. Lettre du 30 septembre 1761. *Œuvres*, vol. XLI, p. 464.

Sa manière violente de défendre ses opinions et la brutalité dont il faisait preuve envers quiconque avait le malheur de n'être pas de son avis le fit souvent inquiéter par les autorités; on l'exila cinq fois; quatre fois on l'emprisonna. Il faut ajouter qu'aucune punition ne put l'amender.

On raconte que le jour où il reparut à la cour après un de ses exils momentanés, Louis XV lui demanda ce qu'il avait fait en Angleterre.

« Sire, répondit froidement de Lauraguais, j'ai appris à penser. »

« — Les chevaux? lui demanda le roi. »

Sophie Arnould ne pouvait être heureuse avec un tel amant : « Il m'a donné deux millions de baisers, disait-elle quelques années plus tard, mais il m'a fait verser quatre millions de larmes. » Quant aux enfants qu'elle eut de lui, elle ne paraît pas les avoir eus en grande affection.

On cite une anecdote caractéristiqne au sujet de la naissance de son premier enfant. Peu de jours après cette naissance, plusieurs de ses amies et camarades de théâtre vinrent prendre de ses nouvelles, et comme elle leur faisait une peinture très saisissante des douleurs de l'enfantement, son médecin, qui se trouvait dans la chambre, l'interrompit et lui dit gravement :

« — Mais il y avait un moyen très simple de prévenir tout le mal. »

« — Et quel est ce moyen? demanda Sophie. »

« — La chasteté, répondit-il. »

« — Ah! docteur, dit Sophie avec un grand rire, le remède est pire que le mal. »

En dépit des liens qui les attachaient l'un à l'autre, Sophie Arnould ne cherchait qu'un prétexte pour congédier son amant. Une occasion s'en présenta bientôt.

Le comte de Lauraguais avait commis une tragédie en cinq actes sur le sujet suranné de *Clytemnestre*. Il l'avait dédiée, bien avant son achèvement, à Voltaire, et dès qu'il l'eut terminée, résolut de la présenter au maître et peut-être de recueillir de lui quelques idées heureuses dictées par une expérience aussi haute. Il quitta Paris pour se rendre à Ferney vers le mois de septembre de l'année 1761 ; Voltaire écrit en effet au mois de septembre de la même année à la comtesse de Lutzelbourg : « J'ai en ce moment avec moi le plus grand chimiste de France, qui ne doute pas qu'il ne puisse me rajeunir : c'est le comte de Lauraguais [1]. »

Avant son départ, le comte avait demandé à un de ses amis, M. Bertin, de veiller sur Sophie pendant son absence. Bertin était *trésorier des parties casuelles* du roi ; il était très riche. Il est possible que ses richesses aient influé sur la résolution de Sophie aussi bien que le mauvais caractère de son ancien amant. En tout cas, dès qu'elle fut certaine qu'il était arrivé à Genève, elle mit dans le carrosse qu'il lui avait donné tous les présents qu'elle en avait reçus et aussi les deux enfants nés de lui et envoya tout cet équipage à l'hôtel de Lauraguais.

---

1. Voltaire, *Œuvres complètes*, vol. XL, p. 464.

En même temps, elle fit tenir au comte cette lettre :

« Monsieur mon cher ami,

« Vous avez fait une fort belle tragédie, si belle que je n'y comprends rien, non plus qu'à votre procédé. Vous êtes parti pour Genève, afin de recevoir une couronne de lauriers du Parnasse, de la main de M. de Voltaire, mais vous m'avez laissée seule et abandonnée à moi-même ; j'use de ma liberté, cette liberté si précieuse aux philosophes, pour me passer de vous. Ne le trouvez pas mauvais, je suis lasse de vivre avec un fou qui a disséqué son cocher et qui a voulu être mon accoucheur dans l'intention de me disséquer moi-même. Permettez que je me mette à l'abri de votre bistouri encyclopédique. »

Quand elle eut envoyé cette lettre, elle eut la sage pensée, connaissant le caractère violent de M. de Lauraguais, de se mettre sous la protection de la police. Le comte, à la lecture de cette lettre, saisit son valet par les épaules et lui cria : « Soutiens-moi, Fabien, ce coup est au-dessus de mes forces. »

Accouru en poste à Paris il employa tour à tour supplications, menaces et autres moyens pour persuader à sa maîtresse de lui revenir. Mais bien qu'il « vomît feux et flammes », Sophie ne voulut pas se laisser convaincre, du moins pendant plusieurs mois [1].

Elle avait d'ailleurs eu l'avantage de se défaire des

---

1. *Mémoires de Favart.*

enfants, puisque Mme de Lauraguais lui avait retourné
son carrosse et ses joyaux, mais en gardant pour les
adopter les deux fils naturels de son mari.

M. Bertin, qui était devenu le protecteur de Sophie
en remplacement de M. de Lauraguais, avait offert à sa
maîtresse un appartement richement meublé, et un des
inspecteurs de M. de Sartines écrivit qu'il se doutait
bien de la destination d'un beau carrosse commandé
par M. Bertin à un marchand du nom singulier
d'Antéchrist.

Un tel équipage était une nécessité absolue pour une
femme entretenue quelque peu célèbre, et il n'était pas
une nymphe de l'Opéra se respectant un peu qui pût se
passer d'une voiture à deux chevaux. Une des dames du
ballet, Mlle Grandi, disait un soir au foyer de l'Opéra
que son plus grand bonheur serait d'avoir une voiture à
deux chevaux et 100.000 francs de revenu. Le jour
suivant arrivait à sa maison un magnifique carrosse
attelé de quatre chevaux. Celui qui lui avait fait ce
splendide cadeau ne se présenta pas de suite, et le soir,
au théâtre, Mlle Grandi parlait de ce présent et se demandait avec étonnement si cet amant inconnu était jeune
ou vieux, beau ou laid : « Ma chère Grandi, lui dit
Mlle Arnould, quand un si brillant cadeau tombe des
nues, celui qui le fait ne peut être qu'un ange. »

En réalité, l'équipage venait de chez un marchand qui
n'en fut jamais payé. Il avait reçu cette commande d'un
chevalier d'industrie polonais. Celui-ci, en échange de
son cadeau, avait eu les faveurs de la danseuse, puis
avait disparu. Le carrossier ayant su quelle personne

détenait sa voiture vint chez Mlle Grandi demander à qui il devait s'adresser pour en recevoir le prix. Mais avant qu'il eût placé un mot, elle se mit à critiquer l'allure des chevaux ; les selliers avaient, à cette époque, coutume de fournir les chevaux avec la voiture. Le commerçant rusé lui répondit en l'assurant que le défaut d'allure des chevaux provenait du cocher et que si lui les conduisait elle n'aurait aucun sujet d'en être mécontente. Mlle Grandi donna aussitôt l'ordre d'atteler ; elle s'assit dans la voiture et le sellier monta sur le siège. En arrivant sur le boulevard, il lui dit qu'il allait faire caracoler les chevaux, et qu'elle ferait mieux, par crainte d'accident, de descendre une ou deux minutes, ce qu'elle fit, et le sellier, fouettant l'attelage, le ramena à ses écuries, laissant la dame immobile et désolée sur le trottoir.

Bertin avait écrit une lettre au comte de Lauraguais, lui disant qu'il avait l'intention de prendre Sophie pour maîtresse : telle était l'étiquette, au xviiie siècle, en de telles circonstances. Le comte prit sa revanche en devenant le protecteur de Mlle Hus, l'actrice qui venait de quitter Bertin.

Le nouvel amant de Sophie était un homme d'aspect terne et lourd qui ne trouvait rien de mieux, pour gagner l'affection et s'assurer la fidélité de sa maîtresse, que de l'accabler de cadeaux. A la fin de l'année, il avait dépensé 100.000 francs pour elle, sans compter une somme de 12.000 francs donnée en étrennes. Mais l'amour pour Lauraguais sommeillait encore dans le cœur de Sophie, et le jour même où elle venait de recevoir le dernier cadeau de Bertin, elle lui montra la porte, et derrière lui fit venir son ancien amant, qui ne se fit pas attendre.

Bachaumont, dans les premières pages de ses Mémoires, parle de ce raccommodement, sur lequel il s'attendrit beaucoup. Mais trois semaines plus tard, il ne trouve plus aussi admirable la réconciliation de Sophie avec le comte de Lauraguais; il note que tout le monde commence à dire que Bertin a été durement traité. Pour que cette affaire garde un caractère généreux, dit-il, l'amant favorisé doit rendre à celui que l'on rejette les sommes importantes que celui-ci a dépensées pour son infidèle maîtresse.

Mais comme cela n'a pas été fait, son opinion est que Mlle Arnould s'est attiré l'admiration des cœurs tendres et sensibles par des moyens frauduleux et que l'on doit — moralement du moins — la reléguer dans la foule des femmes de mauvaise vie.

L'indignation de Bachaumont paraît avoir été un peu prématurée, car il n'est pas douteux que le comte de Lauraguais n'ait indemnisé son rival malheureux et que Bertin « ne perdit rien, si ce n'est la plus charmante femme de Paris[1]. »

Cette seconde mésaventure, toutefois, lui causa un tel chagrin que la pitié des Parisiens en fut émue. Sophie Arnould entendit par hasard, à la Comédie-Française, quelques jours après le congé du financier, deux jeunes gens qui causaient entre eux, dire que c'était une honte qu'un homme aussi riche, aussi accommodant,

---

1. Émile Gaboriau, *Les Comédiennes adorées*, p. 29.

généreux, bon, sensible et aimable que Bertin se fût rencontré avec une maîtresse aussi ingrate et aussi infidèle ; elle tourna les talons avec impatience, en disant tout haut : « On voit bien que ces Messieurs ne l'ont pas eu. »

Peut-être avait-elle à ce sujet quelque crainte d'être sifflée, car elle ne joua pas au théâtre avant le 18 février, jour où elle remplit le rôle assez court, mais à effet, de Psyché dans *l'Amour et Psyché*. Or, le public lui avait pardonné, et les applaudissements, quand elle parut sur la scène, furent indescriptibles [1]. *Le Mercure de France* n'a pas autant d'éloges que d'habitude, il remarque toutefois que sa voix n'a rien perdu de sa beauté et que le temps lui a plutôt servi en enlevant à son chant ce qui était dû, sans doute, à la nervosité ou à l'émotion.

Ce fut dans ce mois de février que le comte de Lauraguais imprima sa *Clytemnestre* que les acteurs de la Comédie-Française avaient refusé de jouer. Leur refus pouvait se justifier, puisque le comte de Ségur, auquel de Lauraguais lut sa tragédie, lui dit qu'il n'avait compris que trois vers, ceux prononcés par le sphynx, ce qui eut le don de provoquer l'indignation de l'auteur [2].

Dans une autre occasion, le comte de Ségur et le chevalier de Boufflers demandaient à de Lauraguais de leur expliquer un livre intitulé : *Des erreurs et de la*

---

1. Bachaumont, *Mémoires secrets*, vol. I, p. 48.
2. *Comte de Ségur*, vol. I, p. 150.

vérité, ouvrage philosophique que l'on discutait beaucoup à Paris ; de Lauraguais accéda à leur désir, et
quand il eut exposé les doctrines du livre pendant au
moins deux heures, ses amis, l'arrêtant, lui dirent qu'ils
étaient, avant ses explications, capables de trouver
quelque sens dans une phrase incidente du livre, tandis
que maintenant ils n'y comprenaient absolument rien.

Au mois de mai, Sophie joua le rôle de Cléopâtre
dans une de ces curieuses productions, particulières au
temps et dont nous avons déjà parlé : un opéra composé
de quatre ou cinq actes n'ayant entre eux aucun rapport
et ayant chacun un ballet spécial. Ses amis, dit Bachaumont, l'avaient dégoûtée de ce rôle, le lui montrant comme
indigne de son grand talent, si bien qu'elle refusa de le
jouer jusqu'à ce qu'on l'ait menacée d'emprisonnement
si elle persistait dans son refus ; mais son jeu parut con-
traint et sans naturel, du moins à Bachaumont, car le
critique du *Mercure de France*, peu familier sans doute
avec les cabales de coulisses, trouve que sa figure intéressante et l'attrait de son chant et de son jeu donnent
de nouveaux charmes à la pièce, preuve que, même
alors, les critiques ne voyaient que ce qu'ils voulaient
voir. Dans cette circonstance, Bachaumont fut cependant
assez bon juge puisque, après quelques représentations,
le rôle fut donné à Mlle Hébert.

Pendant quelques mois, Sophie mena une vie très
paisible et ne chanta pas en public. Elle n'aurait certainement pas joui de ce calme si elle avait encore vécu
sous la protection du comte de Lauraguais, mais ces
amoureux bizarres étaient comme des aimants fidèles à

un idéal commun tant qu'ils étaient séparés, mais se repoussant l'un l'autre quand ils venaient à se réunir.

Les rapports que faisaient sur leur compte les espions de M. de Sartines, en même temps qu'ils servaient comme information au lieutenant de police, servaient à amuser le Roi. Louis XV envoyait, une demi-douzaine de fois dans le courant d'une journée, s'enquérir de l'arrivée des rapports de police, et les parcourait au plus vite dès qu'il les avait en mains. Le rusé lieutenant avait naturellement indiqué à ses subordonnés le genre de nouvelles préférées par le Roi et ceux-ci notaient avec soin combien de fois une demi-mondaine en vue avait changé de protecteur, quels bijoux elle avait reçus, combien d'heures le carrosse d'un certain ambassadeur avait stationné à la porte de certaine actrice, et autres détails de même nature. Il est très probable que quelques-uns des scandales mentionnés dans ces rapports étaient inventés de toutes pièces et dus à l'imagination des policiers à la solde de M. de Sartines.

Un des plus habiles coquins de la bande, Chevrier, mourut cette année-là. Il avait écrit des pamphlets contre des personnes de qualité et celles-ci avaient annoncé qu'elles feraient prendre des bâtons à leurs laquais avec ordre de le rosser dès qu'ils l'apercevraient. Chevrier avait jugé opportun de quitter la France. Il se rendit en Hollande où il mourut, très probablement de faim ; mais ses amis répandirent le bruit qu'il était mort empoisonné. « Empoisonné ? s'écria Sophie, quand ce bruit lui parvint, il aura probablement sucé sa plume. »

En ce moment-là, les espions n'auraient pu dire sur
Sophie que très peu de chose et, en tous cas, rien de
désobligeant. Ils rapportent qu'on la voyait souvent se
promener aux Tuileries en compagnie de sa mère et de
sa sœur, et si simplement vêtue qu'on la prenait pour
une petite bourgeoise. Quelquefois, elle était au bras
d'un jeune homme de bonne mine, qu'on disait être son
coiffeur, ce qui fit courir le bruit qu'elle était sur le
point de l'épouser. Ce bruit parvint jusqu'à M. de Saint-
Florentin, le ministre, qui taquina l'actrice sur ce sujet
à la première visite officielle qu'elle eut l'occasion de lui
faire ; mais, bien qu'avec un peu de difficulté, elle parvint à le convaincre qu'il n'y avait rien de vrai dans
ce racontar.

Dans la société de sa famille, de son coiffeur et
probablement quelquefois de Lauraguais, car ces
amants extraordinaires paraissent s'être toujours ren-
contrés pour se quereller, se quitter et se reprendre,
Mlle Arnould passa l'été de 1762.

Le 12 octobre, elle parut de nouveau au théâtre dans
l'opéra d'*Alphée et Aréthuse*. Suivant quelques critiques
du temps, son retour fut salué avec plaisir par les spectateurs. On peut avec raison douter que ses camarades
à la scène partageaient cet enthousiasme ; mais elle
semble avoir, à ce moment-là, mis un frein à sa langue,
car parmi tous les traits de satire qu'on lui attribue on
n'en cite aucun de cette époque.

CHAPITRE IV

En janvier 1763, Mlle Arnould remporta un autre triomphe dans un nouvel opéra que le *Mercure de France* appelle *Polixène,* mais dont le titre exact est *Pyrrhus et Polixène.* La musique était de M. Dauvergne, les paroles de M. Joliveau (secrétaire perpétuel de l'Académie royale de musique). On fit de grands éloges de la voix de Sophie, mais peut-être les critiques étaient-ils disposés à l'indulgence, ravis qu'ils étaient d'un nouvel effet de scène paraissant pour la première fois. La toile de fond représentait habituellement un ciel ensoleillé, décoration la plus convenable dans les circonstances ordinaires ; mais quand il devenait nécessaire de figurer un orage, l'horizon immobile ne montrait jamais autre chose qu'un ciel pur et serein. L'artiste décorateur, M. Girault, trouva moyen de faire la toile double de longueur et de la fixer aux deux extré-

mités sur des rouleaux. Le bas était peint de nuages
noirs que l'on montait ou descendait à volonté. Cette
combinaison qui nous paraît maintenant extrêmement
simple fut considérée alors comme un progrès énorme
dans l'art scénique.

Vers la fin du même mois, Sophie chanta devant le
Roi et la cour à Versailles, et comme d'habitude prit
part aux concerts spirituels que l'on donnait au commencement du carême.

Le matin du 6 avril 1763, les ouvriers engagés
à l'Opéra s'aperçurent d'un commencement d'incendie. Au lieu d'appeler de suite, ils s'efforcèrent
d'éteindre eux-mêmes le feu et pendant deux ou
trois heures purent empêcher les flammes de s'étendre.
Mais vers onze heures le feu redoubla tout à coup de
violence, l'alarme fut donnée, mais il était trop tard.
Deux mille personnes, parmi lesquelles un grand nombre
de moines et de religieuses, aidèrent à passer les seaux
d'eau; mais des moyens aussi primitifs pour étendre
un incendie de cette importance ne pouvaient sauver le
théâtre, qui à midi et demi était complètement détruit.

La perte de l'Opéra n'affligea pas beaucoup les Parisiens. Un grand nombre d'épigrammes dont la plupart
sont oubliées aujourd'hui furent faites à cette occasion.
On eut à souffrir du manque d'eau au commencement
de l'incendie, et quelqu'un dit à ce sujet que l'on ne pouvait s'attendre à voir éclater le feu dans une glacière.
Favart, qui s'intéressait à l'Opéra italien, exprima le
désir que toute la musique française ait péri avec le
théâtre de l'Opéra, et l'abbé Galiani, dont la réputation

d'esprit fut acquise sans trop de peine, si nous en jugeons par les traits qui nous sont parvenus, proposa de bâtir le nouvel Opéra à la barrière de Sèvres, en face de l'arène où l'on donnait des courses de taureaux, afin que tous les spectacles bruyants soient en dehors de la ville[1].

Cette combinaison n'aurait pas convenu au duc d'Orléans qui depuis longtemps avait obtenu du Roi de construire un théâtre plus grand et plus beau sur le même emplacement. Il plut à Louis XV d'ordonner que la salle des machines au palais des Tuileries servît de salle de spectacle en attendant, pour que *son bon peuple de Paris* ne fût pas privé d'un plaisir auquel il était si attaché.

Il fallut plusieurs mois pour achever l'édifice ; ce ne fut pas en effet avant le 24 janvier 1764 que la première représentation eut lieu avec *Castor et Pollux*. La salle des machines n'était pas très confortable pour un théâtre ; on en a gardé cependant comme souvenir un des termes les plus habituellement employés dans la langue du théâtre en France. Au théâtre anglais, le souffleur se tient d'habitude sur le côté de la scène que les spectateurs ont à leur droite et ce côté s'appelle : « *Prompt side* » (Côté du souffleur), et l'autre côté : « *Opposite prompt* », ou plus simplement : « P. S. et O. P. » En France, où la boîte du souffleur est au milieu de la scène, de niveau avec la rampe, cette désignation ne pourrait être adoptée ; mais comme il était d'usage

---

1. *Correspondance* de Grimm, Diderot, etc., vol. V, p. 261.

que lorsque le Roi et la Reine assistaient au spectacle
ils eussent des loges séparées et se faisant face, les acteurs
nommaient les deux côtés de la scène : côté du Roi.
côté de la Reine. Ces termes furent en usage jusqu'à la
Révolution qui, naturellement, les abolit comme ayant
un parfum trop prononcé de royalisme; mais il était
difficile de trouver d'autres expressions pour les remplacer. Un acteur se souvint alors que, dans la vieille
salle des machines, la cour était d'un côté et les jardins
de l'autre, et les mots « cour » et « jardin » sont
encore employés de nos jours.

Que Sophie Arnould et le comte de Lauraguais se
soient alors réunis une fois de plus, c'est ce qu'il serait
difficile de dire, mais, si cela est, ils n'en étaient pas
moins tout près d'une séparation nouvelle.

L'inoculation pour le traitement de la petite vérole
avait été, chacun le sait, introduit en Angleterre par
lady Mary-Wortley Montagu, dans les premières années
du xviiie siècle; mais bien que Voltaire, au début de
l'année 1727, ait chaudement recommandé cette pratique[1], secondé du reste par Jean-Jacques Rousseau,
les Français se montraient peu empressés à courir un
danger certain pour échapper à des risques incertains,
et l'inoculation était encore pratiquement inconnue en
France. Peut-être que, lors de sa visite à Ferney,

---

1. *Lettres philosophiques*, n° XI. *Œuvre* (édition de Langle),
vol. XXXV, p. 75 et suiv.

quand le comte vint montrer sa tragédie à Voltaire, le
vieux philosophe l'entretint-il de ce sujet, puisque, dès
son retour à Paris, de Lauraguais écrivit un mémoire
sur l'inoculation. Suivant son habitude, il maltraita
fort dans ce pamphlet tous ceux d'opinion contraire,
y compris non seulement les médecins, mais les magis-
trats; il lut ce pamphlet à l'Académie des sciences dont
il était membre.

Il était dangereux alors de dire sa pensée avec trop
de liberté; de Lauraguais fut arrêté et envoyé à Metz.
Il fut enfermé dans la citadelle où on le garda six
mois et employa ses loisirs à bombarder le ministre de
longs certificats et de lettres louangeuses sur le commandant de la citadelle dont la sévérité et la cruauté,
dit-il, ont fait un geôlier modèle et digne d'être promu au
gouvernement d'une grande prison. Avec une tout
autre personne, nous n'hésiterions pas à dire que ces
certificats étaient purement ironiques; mais le comte
était d'un caractère si extraordinaire que très probablement il les rédigeait avec le plus grand sérieux.

Sa femme — cette femme qui souffrit tant et qui
pardonna toujours — et ses amis firent tout ce qu'ils
purent pour obtenir sa mise en liberté, mais le duc de
Choiseul ne se laissa pas émouvoir. Un appel à
Louis XV n'eut pas plus de succès; le comte n'était pas
en faveur auprès du Roi; peut-être moins encore que
tout autre, depuis cette remarque qu'il avait laissé
échapper le jour de son arrestation. Avant de partir
pour Metz, de Lauraguais demanda qu'on le con-
duisît à Versailles, afin d'être mis en présence du Roi.

A son arrivée au palais, on informa de Lauraguais que
le Roi était à la chasse : « Bien, dit-il, avec sang-froid,
pourrait-on l'arrêter avec une lettre de cachet. »

* *

Les artistes de l'Opéra, n'ayant pas de théâtre à
Paris, jouèrent plusieurs fois devant la cour.

En novembre, on donna l'ancien opéra de *Dardanus*,
avec Sophie Arnould dans le rôle d'*Iphise*. Son jeu
était toujours remarquable, puissant et dramatique,
mais dans cette occasion elle se surpassa et réussit
même à dissiper l'ennui du Roi pendant une heure ou
deux. Profitant de l'impression qu'elle venait de causer,
elle vint se jeter aux pieds du duc de Choiseul et l'im-
plora au nom « d'Iphise » de relâcher son « Dardanus ».
Le duc savait parfaitement que « Dardanus » était le
comte de Lauraguais ; il accéda à la prière de Sophie
mais à la condition, déclare Bachaumont, que le comte
et la comtesse se sépareraient[1]. On peut douter que
Choiseul ait jamais fait une proposition semblable mais
en tous cas, peu après, la séparation eut lieu. Dès
qu'il fut relâché, le comte vint tout d'une traite à Paris,
se jeta dans les bras de Sophie Arnould, l'appelant sa
libératrice et lui assura qu'il ne la quitterait jamais. Il
refusa de voir sa femme. C'en était trop pour la
patience de la comtesse, qui obtint presque aussitôt une
séparation. Peut-être trouva-t-elle quelque satisfaction
en apprenant, pendant le cours des années qui suivirent,
qu'il n'était pas plus fidèle à aucune de ses nombreuses
maîtresses qu'il ne l'avait été à sa femme.

---

1. *Mémoires secrets*, 24 nov. 1753.

A l'exception des spectacles à la cour, les seules occasions que les artistes avaient de se faire entendre étaient les concerts spirituels. Les critiques du temps s'accordent à dire que Sophie Arnould n'y était surpassée par aucune de ses rivales. Son beau visage semblait illuminé d'une profonde ferveur et son chant avait une telle intensité et une telle expression qu'elle tirait les larmes des yeux de ses auditeurs. Mais, dès qu'elle avait quitté l'estrade, c'était une personne toute différente, elle était prête à faire quelque folie ou à lancer quelque sarcasme si l'occasion s'en présentait. A l'un de ces concerts, une dame vint s'asseoir auprès d'elle et fit montre d'une grande admiration pour sa beauté et sa toilette. Quand Sophie se leva pour monter sur l'estrade, la dame s'aperçut que sa voisine n'était pas une grande dame de la cour, mais la très célèbre Mlle Arnould, de l'Opéra. Après avoir chanté, Sophie revint s'asseoir près de la dame qui, retirant sa robe pour qu'elle ne touchât pas celle de la chanteuse, fit à haute voix cette remarque : « Qu'il était grand dommage qu'il n'y eût point de signe qui permît de distinguer les honnêtes femmes d'avec les filles. »

Mais Sophie, se tournant vers elle avec un gracieux sourire, lui dit : « Quoi, Madame, voudriez-vous donner aux filles la peine d'avoir à les compter. »

Ses réparties n'étaient pas toujours aussi spirituelles et ses bons mots n'étaient souvent que des calembours, une des formes les plus triviales de l'esprit. A l'un de ces concerts, quelqu'un vint heurter et brisa la seule harpe qui se trouvait dans l'orchestre. On suspendit la séance jusqu'à ce qu'on en eût trouvé une autre, car on était sur le point de jouer dans la symphonie un solo de cet instrument. Sophie cria : « Si vous voulez être au complet, n'allez pas chercher la harpe au Fort-l'Évêque. »

Elle faisait allusion à La Harpe, auteur tragique, passablement prolifique, aujourd'hui complètement oublié ; ce n'était alors qu'un jeune homme au collège, que l'on avait emprisonné au Fort-l'Évêque pour une satire écrite sur ses professeurs.

Aux concerts spirituels de cette année (1763), un certain Rhodolph étonnait tout Paris par la façon merveilleuse dont il jouait du cor de chasse ; il était arrivé sur cet instrument à une telle virtuosité qu'il pouvait imiter tour à tour la flûte la plus douce et la trompette la plus éclatante. Un musicien jaloux de cette habileté disait qu'un cor de chasse était incapable d'exprimer des sentiments délicats et tendres. « A vous entendre, dit Sophie, on dirait que Rhodolph est un cor sans âme. »

*
* *

La comtesse de Lauraguais s'étant retirée dans un couvent [1], il n'y avait plus aucun obstacle au bonheur de Sophie et de son amant, mais il était impossible que le comte restât fidèle pendant longtemps à la même maîtresse ; d'ailleurs ces excentricités auraient suffi pour

---

1. Un volume manuscrit de nouvelles à la main qui se trouve à la Bibliothèque Mazarine à Paris est le seul ouvrage qui mentionne cet événement, mais comme à partir de cette date son nom n'est plus cité dans aucun mémoire il est permis d'ajouter foi à cette assertion.

éloigner de lui beaucoup de femmes. Cependant les six mois de séjour dans la citadelle de Metz avaient peut-être eu pour résultat de calmer son exubérance, car pendant trois ou quatre ans aucune rupture ne vint interrompre leur union, si ce n'est de courts mais fréquents exils auxquels le comte se faisait condamner de temps à autre.

La gratitude du comte pour sa mise en liberté fut cause sans doute qu'il voua à Sophie toute son affection, celle du moins dont il était capable. Elle lui donna un fils au mois d'octobre 1764; c'était le troisième qu'elle lui donnait. L'enfant fut baptisé à l'église de Saint-Roch et sur les registres furent inscrits les mots : *père inconnu*. Sophie Arnould obtint depuis une rectification et l'on écrivit alors le nom du comte de Lauraguais.

Il serait peut-être utile de dire ici quelques mots des enfants de Sophie Arnould. MM. de Goncourt font une erreur assez singulière quant au nombre de ses fils, une erreur qu'une simple recherche eût fait éviter puisque, chose assez remarquable, dans l'essai biographique placé en tête d'*Arnoldiana*, un livre qu'ils citent constamment, on donne les noms de tous les enfants de Sophie Arnould. Dans l'ouvrage de MM. de Goncourt, il est dit que Mlle Arnould eut deux fils et une fille, et ces auteurs donnent des extraits des registres de baptême établissant que le plus jeune garçon naquit en octobre 1764. Ils oublient, évidemment, ce qu'ils avaient dit quelques pages plus haut : « Qu'un beau matin, en 1761, Sophie envoya à l'hôtel du comte tous les présents qu'elle en avait reçus et ses deux enfants. »

Les deux enfants renvoyés en 1761 à la comtesse de
Lauraguais et adoptés par elle étaient Louis Dorval, né
en 1758, et Auguste-Camille, le dernier, qui n'avait pas
alors plus de cinq ou six semaines puisqu'il était né le
27 août 1761. L'aîné, Louis Dorval, mourut à quatre ans,
en 1762. La vie de cet enfant fut si courte que MM. de
Goncourt ont jugé inutile, sans doute, d'en parler.

On ignore comment le plus jeune garçon fut élevé;
il est très probable que la comtesse de Lauraguais le
plaça chez des gens respectables et fit les frais de son
entretien. En tout cas, il semble n'être jamais revenu
chez sa mère. Celle-ci n'en fait aucune mention dans ses
lettres et ne se soucia point de lui comme elle le fit de
son troisième fils.

Celui-ci, Antoine-Constant, né le 16 octobre 1764, fut
d'abord destiné à l'Église, il changea d'avis plus
tard et manifesta le désir de se rendre en Angleterre
pour se préparer à la carrière commerciale. Mais sa mère
lui ayant refusé l'argent nécessaire il entra dans l'armée.
Il parvint au grade de colonel d'un régiment de cuiras-
siers, et fut tué en chargeant à la tête de ses troupes, à la
bataille de Wagram.

La fille unique de Sophie Arnould, la plus jeune de
ses enfants, était Alexandrine-Sophie, née le 7 mars 1767.
On peut avec raison être assez indécis sur le nom de
son père; on dit, d'ailleurs, que Sophie Arnould s'efforça
de persuader au prince de Conti qu'il en était l'auteur.
Quant à ce grand seigneur, qui n'eut guère d'autres
mérites que de compter soixante maîtresses reconnues et
autant « d'imperceptibles », elle pensait, sans doute,

qu'un enfant illégitime de plus ou de moins était pour
lui de peu d'importance: mais, suivant d'autres récits,
elle eut la satisfaction de faire reconnaître l'enfant à de
Lauraguais qui pourvut à son avenir par une donation
en date du 9 juillet 1768.

**

Le théâtre provisoire, construit dans la salle des
machines, fut prêt dans les premiers jours de l'année
1764, et le premier spectacle fut donné avec un opéra
déjà ancien : *Castor et Pollux*, où Sophie tint le rôle
de « Télaïre », sœur et fille du Soleil. Ce théâtre, nous
l'avons dit, était peu confortable et mal aménagé. Il
paraît que l'acoustique en était mauvaise. Or, comme sa
voix manquait de puissance, c'est sans doute ce défaut
d'acoustique qui fut cause qu'elle ne chanta pas très
souvent pendant les six années que l'on mit à construire
le nouvel Opéra. Ce soupçon peut cependant n'être pas
fondé, car le critique du *Mercure de France* déclare
qu'à cette soirée d'ouverture, « l'intéressante Mlle
Arnould n'a jamais été vue avec plus d'avantage, »
et non seulement il lui accorde la grâce, la tendresse,
l'intelligence et autres qualités scéniques, mais il dit
que dans ce nouveau théâtre sa voix avait plus de force,
de volume et d'étendue qu'elle n'en eut jamais auparavant. Non seulement les notes de son chant, mais les
mots pouvaient être entendus dans toute la salle; ce dernier résultat était dû sans doute à sa diction impeccable.

Il est plus probable que la rareté des apparitions du
nom de Mlle Arnould sur l'affiche avait d'autres motifs,
tout au moins pendant la dernière partie de ces six

années. Elle menait alors une vie extrêmement dissipée et se souciait fort peu de son succès au théâtre. Elle préférait infiniment ses « soupers » avec une troupe de femmes dissolues et d'hommes dépravés. Du moins, ne montrait-elle aucune hypocrisie. Jamais elle n'essaya de se donner une réputation mensongère et ses railleries les plus impitoyables étaient pour celles de ses compagnes qui faisaient parade d'une fausse vertu.

C'est à cette époque qu'elle répondit avec tant d'audace et d'imprudence à M. de Sartines. Un rapport adressé au lieutenant de police disait qu'à un « souper » donné par Sophie Arnould, des épigrammes injurieuses avaient été chantées ou récitées sur le compte de Mme de Pompadour. La maîtresse du Roi était une femme vindicative et peut-être le pressentiment qu'elle avait de sa mort prochaine la rendait-elle encore de plus méchante humeur que d'habitude. Plus d'une fois, des injures, pourtant peu haineuses, par l'écrit ou par la chanson, quelques mots grossiers sur la favorite avaient été punis de vingt ans d'emprisonnement et même de peines encore plus sévères. Mais il aurait fallu autre chose que la peur de la Bastille pour empêcher Sophie Arnould de décocher un bon mot sur la Pompadour ou sur toute autre personne quand l'occasion s'en présentait. Le comte de Lauraguais lui-même, que l'on trouvait toujours parmi les mécontents, haïssait cordialement la maîtresse du Roi. En tout cas, si l'histoire est vraie, de Sartines appela l'actrice, un matin, et le dialogue suivant s'engagea :

« — Mademoiselle, où avez-vous soupé hier ?

« — Je ne me le rappelle pas, Monseigneur.

« — Vous avez soupé chez vous.

« — C'est possible.

« — Vous aviez du monde.

« — Vraisemblablement.

« — Vous aviez entre autres des personnages de la première qualité.

« — Cela m'arrive quelquefois.

« — Quelles étaient ces personnes?

« — Je ne m'en souviens pas.

« — Vous ne vous souvenez pas de ceux qui ont soupé hier chez vous?

« — Non, Monseigneur.

« — Mais il me semble qu'une femme comme vous devrait se rappeler ces choses-là.

« — Oui, Monseigneur, mais devant un homme comme vous, je ne suis pas une femme comme moi. »

Le lieutenant de police s'en alla l'oreille basse, n'ayant pu contraindre Sophie à accuser ses hôtes ou plutôt n'ayant pu confirmer l'information de ses agents. Il en était d'autant plus vexé que, si ce que l'on dit est vrai, il avait amené son système de police à une telle perfection qu'il ne pouvait se passer le moindre événement à Paris qui ne lui fût connu aussitôt[1].

*
* *

Le 7 avril 1764, on donna de nouveau *Psyché* à l'Opéra. Mlle Arnould y avait un rôle assez court,

---

1. Des exemples de cette habileté ont déjà été donnés dans *la Vie et le Temps de Mme Du Barry*.

mais elle fit une telle impression sur le critique si susceptible du *Mercure* qu'il déclara que son jeu et son
chant montraient qu'elle était encore loin de cette perfection aux jours où elle l'avait le plus enchanté. Ayant
rendu « cet éloge ou plutôt ce juste hommage au
charme de son talent », il poursuit en disant qu'on
lui doit des éloges pour sa fidélité au public depuis
l'ouverture du nouveau théâtre et il espère, ajoute-
t-il, que l'état de sa santé lui permettra de continuer
à faire preuve d'une aussi louable exactitude. Il devait
être fort désappointé, puisque, quelques jours plus
tard, Sophie quitta le théâtre et fut plus d'un an sans
y reparaître.

La naissance de son troisième fils, au mois d'octobre
de cette année, fut peut-être en grande partie la cause
de cette absence prolongée ; mais ce ne put être la seule
raison, puisqu'elle ne reparut pas au théâtre avant le
22 mars 1765. Qu'elle ait passé tout ce temps dans la
paix et le repos du foyer domestique avec le comte
de Lauraguais, c'est ce dont on peut douter, bien
qu'on ne possède rien de précis à ce sujet. Il est plus
probable qu'on aurait pu à ce moment lui appliquer
avec justice la remarque sarcastique qu'elle fit au sujet
de Mlle Fel. Cette actrice avait quitté la scène en 1758 et
vécut plusieurs années dans la retraite. Quelqu'un parlant de la vie calme et tranquille de Mlle Fel, Sophie
s'écria : « Ne vous y fiez pas ; elle est comme Pénélope,
elle défait la nuit ce qu'elle a fait le jour. » Il n'y avait
pas à craindre que Sophie abandonnât ainsi les
vanités et les vices de ce monde, et vécût une vie de

recluse comme une de ces femmes dont elle a dit :
« Elles se donnent à Dieu quand le diable n'en veut
plus. »

Selon toutes probabilités, elle copiait les manières
des grandes dames de la Cour qui, si elles étaient ses
supérieures par la naissance, étaient ses inférieures par
l'esprit mais ses égales par les mœurs : c'est-à-dire
qu'elle gardait le lit toute la matinée ou, si ses visiteurs
arrivaient, s'étendait sur un sopha, buvant son chocolat
ou jouant avec son bichon, tandis que des poétastres
comme Poinsinet et Dorat lui lisaient des vers qu'ils
avaient composés en son honneur, ou que des abbés
du type de l'abbé de Voisenon lui rapportaient les
derniers scandales, recueillant pieusement les remarques
sarcastiques qu'elle faisait à ce sujet pour aller les
colporter partout comme venant d'eux. Nous pouvons
nous faire une idée de l'amusement de son auditoire
quand de Lauraguais exposait un de ses systèmes
où il entrait autant de sagesse que de folie, ou la fuite
éperdue de tous quand il survenait dans un de ses terribles accès de passion et brisait pour quelques milliers
de francs de meubles. Mais il est difficile de supposer
qu'elle ait pu passer des journées entières entre les
mains de son coiffeur et de sa camériste, souriant aux
platitudes du poète de chambre du moment ou consultant quelque papillonnant abbé sur la coupe d'une
robe ou le dessin d'un brocart. Sans doute, les jeunes
abbés s'en allaient se demandant tout chagrinés si
l'éclat des yeux de la jolie actrice était une compen-
sation à sa langue méchante ; et si les vers étaient

mauvais, — au reste, si l'on en juge par les quelques
spécimens qui en sont restés, ils étaient généralement
très mauvais, — l'auteur en était informé avec une franchise que ne rendaient pas plus plaisante les sarcasmes
que l'on y mêlait.

Poinsinet fut plusieurs fois l'objet de ses critiques
peu flatteuses. Il apportait toujours avec lui des vers
quand il venait aux réceptions de Sophie Arnould et
s'imaginait amuser la compagnie. Sophie, remarquant
l'effet soporifique que ces lignes avaient sur ses auditeurs, dit : « Les vers de Poinsinet sont comme les
enfants gâtés ; il n'y a que leur père qui les aime. »

Dans une certaine occasion le poète trouva un défenseur qui osa dire que peu d'auteurs avaient autant d'esprit que Poinsinet, mais il s'attira cette réplique de
Sophie Arnould : « Poinsinet a tant d'esprit dans la
tête qu'il n'y a plus place pour le sens commun »,
remarque qui ne paraît pas être très originale mais qui
était certainement exacte, puisque ce pauvre Poinsinet
était le plus crédule des mortels. Il servait de cible à
des plaisanteries sans fin, dont quelques-unes man-
quaient d'esprit et dont beaucoup étaient cruelles.

Un jour, on lui persuada qu'il allait être nommé
« porte-écran » du roi, et chaque jour, pendant une
quinzaine, on le fit rester pendant des heures à se rôtir
les jambes devant un grand feu pour qu'il pût s'accoutumer à ses nouveaux devoirs. Dans une autre occasion,
on lui dit que l'Impératrice de Russie avait promis de le
nommer membre de l'Académie de Saint-Pétersbourg
s'il parlait le russe. On lui trouva un professeur ; pen-

dant six mois, Poinsinet étudia péniblement et découvrit
enfin que la langue qu'il apprenait n'était pas du tout le
russe, mais un dialecte celtique de la basse Angleterre.
Il n'était pas plutôt revenu de son désappointement
qu'un ami vint lui annoncer que le Roi de Prusse
le nommerait tuteur de son fils s'il abjurait d'abord la
religion catholique. Un complice de ce tour prétendit
être un chapelain du Roi, être venu en France au péril
de ses jours pour initier le poète aux dogmes du luthé-
rianisme, et la victime fut traînée dans toutes sortes
d'endroits mystérieux et cachés pour y recevoir, sans
crainte d'être découvert, l'instruction religieuse ou les
explications invraisemblables qui en tenaient lieu.

Quand Poinsinet connut enfin la vérité, il voulut
citer en justice ses persécuteurs, et ses vrais amis
eurent beaucoup de peine à le persuader que les rieurs
ne seraient pas de son côté ; il se contenta donc d'appeler sur le terrain un des conspirateurs. Un duel fut
arrangé, les parties se rencontrèrent, et à la première
passe de Poinsinet, son adversaire tomba, paraissant
blessé. Poinsinet, aussitôt, se précipita hors du terrain,
et quelques pas plus loin fut informé qu'il venait de
tuer son homme et que ce qu'il avait de mieux à faire
était de se retirer pendant quelque temps. Peu de jours
après, il entendit son nom que l'on criait sous ses
fenêtres et, entr'ouvrant ses volets, il vit un colpor-
teur chargé de placards qui criait : « Poinsinet condamné à être pendu pour assassinat. » Le pauvre
poète envoya son domestique en acheter un et il vit,
imprimée, l'horrible nouvelle. A ce moment, survint un

« ami » qui, naturellement, lui donna son avis comme étant le meilleur à suivre. C'était qu'un barbier fût mandé sur-le-champ pour faire une tonsure à Poinsinet, afin que l'assassin pût se vêtir en abbé et s'échapper de Paris. L'innocente victime de ces infatigables bourreaux consentit, fut emmené sain et sauf hors de Paris et enfermé dans toutes sortes de cachettes, réduit à endosser mille déguisements, jusqu'à ce que, fatigués du jeu, ces mauvais plaisants l'informèrent que le Roi, par admiration pour ses vers, lui avait accordé son pardon.

L'excessive fatuité de cet insigne gobe-mouche était telle qu'il écrivit pour remercier le Roi de sa clémence. Louis XV fut naturellement très intrigué, car il n'avait jamais entendu parler de la mort de l'adversaire de Poinsinet — qui, cela va sans dire, était en très bonne santé — ni de la condamnation du malheureux poète. Quand enfin il fut mis au courant de l'affaire, il s'indigna fort qu'on se soit servi avec tant de liberté de son nom et de ses prérogatives royales pour mener à bien une mauvaise plaisanterie, et les auteurs de cette bouffonnerie reçurent une très sévère semonce. Ils méritaient davantage.

On pourrait croire que les écrits d'un homme aussi simple d'esprit ne possédaient aucun mérite littéraire, mais il semble que ses œuvres aient été au contraire suffisamment appréciées. Sophie Arnould, qui le haïssait ou tout au moins le méprisait de tout cœur, déclarait qu'il volait tous ses vers. Un jour qu'il lisait une de ses dernières productions, un chien, au dehors,

se mit à aboyer furieusement : « Voilà un bon chien de
garde, dit Sophie, on l'a appris à crier au voleur. »

Il n'avait probablement jamais volé autre chose que
ses vers, bien que Mlle Duprat l'ait accusé de lui avoir
volé une montre en or ; il fut acquitté de cette charge,
mais on le chassa cependant de l'Académie de Dijon
dont il était membre et où il ne put jamais être réins-
tallé.

*
* *

Le 12 septembre 1764, mourut le vieux Rameau, le
plus grand musicien de son temps. Sophie Arnould fit
un assez pauvre jeu de mots quand elle apprit cette
mort[1], mais on peut douter que le compliment fut sincère, car ils avaient toujours eu l'un et l'autre sur l'opéra
des idées diamétralement opposées. Comme son fort
était la tendresse et l'expression, elle aimait attaquer ses
airs au moment où elle le jugeait à propos, et voulait
assujettir l'orchestre à ses désirs. Rameau, au contraire,
se souciait très peu des acteurs et de ce qu'ils avaient à
chanter, et ne comptait que sur l'orchestre. Il avait coutume de dire qu'il pouvait mettre la *Gazette de Hollande*
en musique, et l'on dit qu'à la répétition d'un de ses
opéras, gourmandant une basse à la voix très puissante,
il lui dit avec colère : « Ne faites pas tant de bruit ;
comment entendra-t-on ma musique ? »

Peu de jours après, mourut un musicien bien moins
célèbre, et beaucoup plus jeune, dont le nom est

---

1. Nos lauriers ont perdu leur plus beau rameau.

demeuré inconnu, mais dont la mort fut le sujet d'une plaisante épitaphe que l'on attribue à Sophie Arnould, bien qu'elle ne soit pas dans son style. Il n'est pas tout à fait improbable que ce musicien ait jamais existé et qu'il fût inventé pour l'épigramme. L'histoire dit que ce musicien inconnu était l'ami d'une actrice ou danseuse du nom de La Miré, aussi jolie que légère. Son affection désordonnée pour cette jeune femme avait, disait-on, causé sa mort, et Sophie Arnould ou quelque autre personne proposa de graver sur sa tombe :

La mi ré La mi la.

CH CARRINGTON EDITEUR

Imp Ch Wittmann Paris

CHAPITRE V

On ne sait presque rien de la vie privée de Sophie Arnould pendant ces trois dernières années. Le comte de Lauraguais était encore son amant en titre, comme le prouve ce fait qu'il se reconnut père de l'enfant que Sophie mit au monde en 1767, mais il est peu probable que ces amants aient été bien unis pendant ces trois années. Sophie, à l'occasion, aurait sans doute été infidèle, et le comte aurait soupiré quelquefois pour une maîtresse moins spirituelle, mais qui eût accepté ses excentricités auxquelles Sophie était toujours rebelle.

*
* *

En 1765, le 22 mars, elle reparut sur la scène, après une absence de près d'une année, dans l'opéra, toujours en vogue, de Rameau : *Castor et Pollux.* Elle y tint le rôle de « Télaïre », un de ses plus grands triomphes à la scène. Garrick était alors à Paris où il fit un assez long séjour[1].

---

1. *Journal et Mémoires*, vol. III, p. 2.

Comme tous les acteurs, Garrick allait souvent au théâtre. On rapporte qu'il trouvait Sophie Arnould la plus grande artiste de la scène française. Comme on lui demandait pourquoi il la préférait à la grande tragédienne, Mlle Clairon, il répondit que cette dernière était trop *actrice*. Il dut se former une opinion très favorable de Sophie Arnould en la voyant dans cet opéra.

Il vit sans doute Mlle Clairon dans *le Siège de Calais*, un drame de Du Belloi, d'un mérite littéraire assez mince, mais qui eut un succès prodigieux, car ce drame faisait appel aux sentiments patriotiques si vivaces aux cœurs des Français. Mais si la pièce ne possédait pas un grand intérêt il y eut à son occasion certains incidents qui doivent être brièvement rappelés, parce qu'ils donnèrent à Sophie plusieurs occasions de se livrer à quelques-unes de ses plaisanteries.

Un acteur nommé Dubois, qui jouait un rôle secondaire dans la pièce, avait reçu une note assez forte pour visites de médecin. Le docteur, dans l'impossibilité de se faire payer, le fit citer en justice.

Dubois déclara sous serment qu'il avait payé la note ; le plaignant jurait avec autant d'énergie qu'il n'avait rien reçu et finit par prouver que l'acteur avait menti. Ses compagnons de scène considérèrent qu'il avait déshonoré la profession en général et la maison de Molière en particulier. Cette décision amusa beaucoup Collé, qui, bien qu'auteur dramatique, avait un mépris assez grand des acteurs et se déclarait incapable de voir comment les acteurs pouvaient avoir un honneur quelconque, à moins que l'honneur ne repousse comme les ongles, disait-il. Trois des principaux membres de la Compagnie, Lekain, Molé et Bruzard, et la doyenne, Mlle Clairon, implorèrent des « gentilshommes de la chambre », qui avaient alors le contrôle de la scène, la permission de chasser Dubois ; cette permission fut accordée.

Pendant quelques soirées, on joua la pièce avec un autre acteur dans le rôle que tenait Dubois, quand, un matin, les gentilshommes de la chambre envoyèrent des ordres pour que Dubois rentrât au théâtre et reprît son rôle. Comme toujours, il y avait une femme dans l'affaire. Dubois avait une très jolie fille et celle-ci avait agi sur le duc de Fronsac, un des membres du comité, pour que son père fût réintégré dans sa place. Le duc n'avait pas eu de difficultés à persuader les autres gentilshommes, et l'ordre fut envoyé aux comédiens. Les acteurs vinrent trouver le ministre, mais il refusa d'intervenir, si bien qu'ils résolurent d'agir par eux-mêmes. Au moment du lever du rideau, Lekain, Mollé et Bruzard n'étaient pas au théâtre. Mlle Clairon s'y trouvait ; mais quand elle apprit la résolution de ses camarades, elle commanda sa chaise à porteurs et partit.

Les autres acteurs s'étaient réunis, et l'un d'eux fut envoyé sur la scène pour annoncer que l'on allait jouer une pièce du répertoire. Mais le public était venu pour voir *le Siège de Calais* et ne voulait rien entendre. On cria : « Clairon en prison. » Ce fut presque une émeute ; enfin les soldats firent évacuer le théâtre et l'on remboursa les spectateurs.

Sophie Arnould dit « que c'était la première fois qu'elle entendait parler de révolte un jour de siège. » Mais il était dangereux alors d'affirmer son indépendance. La mutinerie fut promptement châtiée par l'emprisonnement des quatre principaux sujets. Quand l'exempt vint pour arrêter Mlle Clairon et l'accompagner au Fort-l'Évêque, elle prit une attitude de reine et s'écria : « Le Roi peut faire ce qui lui plaît de ma personne et de mes biens, mais il ne peut toucher à mon honneur. »

Sophie Arnould, quand elle eut connaissance de cette sortie, fit cette remarque : « Naturellement, où il n'y a rien, le Roi perd ses droits. » Dans certains récits, on attribue cette phrase à l'exempt ; mais si elle fut réellement dite, il est plus probable qu'elle le fut par l'actrice.

Mlle Clairon et les autres furent relâchés vingt-quatre heures après, et les représentations du *Siège de Calais* furent reprises, Dubois ayant sagement renoncé à imposer à la Compagnie sa présence. La pièce eut un succès considérable, bien que les sentiments qui y étaient exprimés ne fussent pas toujours traduits dans une langue poétique ou même simplement fidèle à la grammaire. Le spirituel duc d'Ayen, ayant dit à la Cour qu'il n'aimait pas *le Siège de Calais*, Louis XV lui reprocha de n'être pas un vrai Français.

« Sire, répondit le duc, je désirerais que tous les vers de la pièce soient aussi français que moi. »

Peut-être le succès du *Siège de Calais* fut-il pour quelque chose dans les nombreuses indispositions de

Sophie Arnould, qui se souciait peu de jouer devant une salle à moitié vide. On jouait alors à l'Opéra italien une version de *Tom Jones*; la musique était de Philidor, le livret de Poinsinet. Poinsinet, suivant le mot de Sophie, était absolument incapable de lever *le Siège de Calais*, et, en effet, *Tom Jones* tomba d'abord à plat; mais comme la popularité du *Siège de Calais* déclinait, les affaires reprirent aux Italiens, et l'opéra de Philidor eut un succès modéré.

*
* *

Au mois de mai, Sophie donna à Mlle Duranci son rôle dans *Castor et Pollux* et ne reparut au théâtre que le 1er juin, pour chanter dans un opéra de Rameau : *les Dieux d'Égypte*. Les deux mois qui suivirent, elle chanta dans deux ou trois opéras de ce compositeur, dont la musique, depuis sa mort, était très en vogue. Le 10 octobre, elle parut devant le Roi et la Cour dans l'opéra de *Thétis et Pélée*. C'était un ancien opéra de Colas avec paroles de Fontenelle, joué pour la première fois en janvier 1689, mais que l'on avait donné depuis à plusieurs reprises, notamment en 1750. Fontenelle assistait à cette dernière reprise ; nous pouvons croire qu'il y eut là un cas unique ; il n'est pas souvent donné, en effet, à un auteur dramatique de voir jouer une de ses pièces près de soixante-deux ans après la première représentation.

L'opéra donné à Fontainebleau n'était qu'une version revisée de l'ancien avec une nouvelle musique, œuvre d'un compositeur anonyme, qui, cela n'était un secret pour personne, n'était autre que M. Laborde, le valet du roi. Sophie Arnould, qui jouait « Thétis », fut, ainsi qu'en témoigne le *Mercure*, la principale attraction de la pièce et déploya dans cette grande création toutes les grâces de son génie ; mais la Cour n'apprécia pas la musique du valet, bien que le Roi, qui n'était sans doute pas dans un de ses jours d'ennui profond, applaudît fréquemment et déclarât que c'était une très belle œuvre.

Sophie chanta encore à Fontainebleau, une semaine plus tard, dans un nouvel opéra intitulé *Sylvie*, et avec un tel succès que l'œuvre fut notée pour être jouée à Paris, mais, pour une raison ou pour une autre, — peut-être les fréquentes indispositions de Mlle Arnould, — on ne la joua à l'Opéra que dix-huit mois plus tard. La semaine suivante (24 octobre), elle reparut encore devant la cour, dans le rôle de « Palmyre », dans un nouvel opéra de ce nom, et le 2 novembre, dans un nouveau « ballet héroïque », nommé *Zénis et Almasie*, une nouvelle œuvre du valet royal Laborde. *Palmyre* à peine joué à Paris, Sophie, comme d'habitude, prétexta une indisposition, après trois soirées, et l'on donna son rôle à Mlle Beaumesnil, qui y fit ses débuts. Cette actrice, particulièrement jolie, avait une voix excellente qui ne fit que s'embellir avec le temps. Remarquablement maîtresse d'elle-même, elle devint aussitôt la favorite du public, au grand dépit de Sophie Arnould qui n'était pas exempte de jalousie professionnelle.

Peut-être le succès de Mlle Beaumesnil eut-il le don de guérir l'indisposition de Sophie Arnould, car elle paraît être rentrée au théâtre et avoir accompli tous ses engagements pendant les trois mois qui suivirent ; elle créa alors un ou deux rôles dans des opéras-ballets en un acte, tels que *Églée ou le Triomphe de Flore* et *les Fêtes de l'hymen*. Pendant une des représentations de cette dernière pièce, un accident survint à Mlle Guimard, une des étoiles du ballet ; une pièce de décoration tomba sur elle et lui brisa le bras. Guérin, chirurgien des mousquetaires du Roi, se trouvait heureusement sur le théâtre quand l'accident arriva et put remettre aussitôt le membre blessé ; moins d'un mois après, Mlle Guimard pouvait danser avec un bras en écharpe, et, quelques jours après, sans cet appareil. Nous entendrons encore beaucoup parler d'elle dans le cours de cette histoire.

*

* *

Du 4 au 14 février 1766, Mlle Arnould s'absenta du théâtre et ses rôles furent joués par Mlle Duranci ; quinze jours plus tard, elle eut une autre vacance, mais celle-ci obligatoire, car tous les théâtres furent fermés du 1er au 13 mars à cause de la mort du dauphin et du duc de Parme ; peut-être cette fermeture ne déplut-elle pas aux directeurs dont les affaires théâtrales n'étaient pas exceptionnellement bonnes. A l'Opéra Italien surtout tout allait au plus mal ; plusieurs des nouvelles pièces n'avaient aucun succès, bien qu'on eût fait tous les efforts possibles pour les tenir à la scène quelques soirées, et l'une d'elles, *le Garde-chasse et le Braconnier*, avait été tellement chutée le premier soir qu'elle ne fut jamais jouée depuis. « C'est étrange, nous n'entendons plus parler du *Braconnier*, fit-on remarquer un soir au foyer. — Peut-être l'a-t-on envoyé aux galères », répondit Sophie.

*
* *

Aline reine de Golconde, un ballet héroïque en trois actes, musique de Monsigny, parole de Sedaine, fut joué la première fois le 15 avril.

C'était une « gentillesse » xviii° siècle, une idylle qui sentait le musc et l'ambre. Aline est une jeune bergère, qui, pendant qu'elle conduit ses troupeaux dans une des vallées de Golconde, fait la rencontre d'un jeune étranger ; ils tombent amoureux l'un de l'autre, se jurent une fidélité éternelle et... se quittent. Aline, par une suite d'aventures, monte sur le trône de Golconde, et le jeune homme vient à la cour en qualité d'ambassadeur d'un royaume voisin. Il n'avait pas oublié son ancien amour, mais, n'ayant naturellement pu prévoir un changement de fortune aussi remarquable, ne reconnaît pas dans la Reine la bergère d'autrefois. Il néglige ses fonctions d'ambassadeur et retourne à la vallée qui paraît être assez près du palais, dans l'espoir de rencontrer la dame de ses amours.

Naturellement Aline revêt les habits de la bergère, rencontre son amant, et celui-ci abandonne la diplomatie pour devenir prince époux de la reine de Golconde.

Au point de vue scénique, le rôle « d'Aline » offrait des ressources particulières au talent d'une actrice intelligente. Sophie créa « Aline », dit un critique, avec toutes les grâces délicates de la beauté et du talent. Elle fut

une tendre et aimante bergère, une reine noble et pleine
de dignité. Ce n'était point là simple enthousiasme de
critique trop sensible aux charmes de Sophie, puisque
l'opéra eut vingt-six représentations consécutives, ce qui,
à cette époque, était considéré comme un succès d'assez
longue durée.

Un peu plus tard (7 juin), Sophie remporta un nouveau triomphe dans une de ces pièces extraordinaires,
nommées, non sans raison, *Fragments*, et qui consis-
taient en trois petites opérettes d'un acte n'ayant aucun
lien l'une avec l'autre et qui étaient très souvent l'œuvre
de différents compositeurs et écrivains. Dans une de ces
opérettes-ballets intitulée *Zélindor*, Sophie Arnould joua
le rôle principal « Zirphé », qui, paraît-il, n'aurait pu
être joué avec plus de goût, de délicatesse, d'art et de
sentiment. Elle fut applaudie jusqu'aux nues, mais,
après quelques représentations, une indisposition réelle
ou imaginaire l'empêcha de chanter. Mlle Rosalie ou
Rosalie Levasseur [1], qui devait à la fin devenir la rivale
et l'ennemie de Sophie Arnould et lui enlever les rôles
d'héroïnes dans les opéras de Gluck, fit son début dans
un de ces fragments.

Après quelques-unes de ces absences momentanées,
Sophie Arnould, le 22 août, abandonna complètement

---

1. Cette actrice n'avait d'abord été connue que sous le nom de
Mlle Rosalie, mais, comme plus tard, un personnage de la comédie
les Courtisanes, jouée à la Comédie-Française, porta ce nom, elle
reprit son surnom et fut depuis nommée Mlle Levasseur. Sophie
disait : « qu'elle aurait mieux fait de changer de visage. »

le rôle de « Zirphé », qui fut, ce soir-là, joué par Mlle Beauvois. Celle-ci était si nerveuse que la timidité paralysa complètement ses facultés, ce qui fit regretter plus que jamais l'absence de Mlle Arnould.

En novembre, Sophie joua pendant quelques soirées et chanta trois fois dans l'opéra de *Silvie* le rôle qu'elle avait créé à Fontainebleau un an auparavant. Mais son jeu fut sans force et sans vigueur, et même le critique du *Mercure* dut lui trouver une excuse en alléguant qu'en pleine convalescence, après une maladie nerveuse, l'actrice n'était pas dans un état convenable pour remplir parfaitement ses rôles.

Le repos prolongé qu'elle prit alors (de novembre 1766 à août 1767) est attribué à ce fait que son quatrième enfant, Alexandrine-Sophie, sa fille unique, naquit le 7 mars 1767. Sophie avait l'habitude de prendre dans ces circonstances un assez long congé et restait plusieurs mois sans jouer, avant et après ses couches. Elle différait en cela d'une de ses compagnes, Mlle Allard, dont l'engagement fut à la fin résilié par les directeurs, parce que sa déplorable habitude de mettre au monde deux enfants tous les dix-huit mois la mettait constamment dans un état peu conforme aux règles de l'esthétique.

Sa figure tout à fait ingrate éloignait aussi tous ses amants, et Sophie Arnould disait à ce propos : « qu'elle était comme certaines nations qui étendent toujours leurs frontières, mais qui ne gardent jamais leurs conquêtes. »

*
* *

Le 18 août 1767, le nom de Mlle Arnould parut de
nouveau sur l'affiche. Elle tenait le rôle de « Pomone »
du nouvel opéra-ballet *la Terre*. Le *Mercure*, comme
d'habitude, trouva en elle toutes sortes de grâces et
la force combinée avec l'expression touchante et naturelle. Un critique moins partial admit qu'aucune actrice
n'aurait pu mieux jouer et avec plus de charmes, mais
la vieille maladie nerveuse revint, et, le 15 septembre,
nous trouvons Mlle Rosalie prenant sa place. Ceci eut le
don de faire promptement revenir Sophie pour créer un
nouveau rôle dans un fragment nommé *Amphion*, mais
elle ne s'y tint pas, car, pendant la représentation du
16 novembre, elle eut le pied blessé par la chute d'un
décor, ce qui lui fut une excuse valable pour se retirer.
Son rôle fut donné à Mlle Duranci, une personne très
capricieuse, qui jouait avec autant d'habileté l'opéra et
la tragédie et voltigeait toujours de la Comédie-Française à l'Opéra.

Ce malheureux accident mit un arrêt aux répétitions
d'*Ernelinde, princesse de Norvège*, que Poinsinet et
Philidor avaient écrit spécialement pour Sophie.

Philidor s'appelait de son vrai nom François-André
Danican, mais sa famille portait ce nom de Philidor
depuis trois ou quatre générations. Au temps de
Louis XIII, se trouvait, dans l'orchestre privé du roi, un
flûtiste italien du nom de Filidori, dont le roi goûtait
fort le talent. Filidori mourut et un musicien nommé
Danican fut choisi pour le remplacer. La première fois

qu'il joua devant le roi, Louis XIII y prit tant de plaisir qu'il s'écria : « Mais il est aussi bon que mon Filidori ! » et le musicien fut si flatté du compliment qu'il changea son nom pour celui de Philidor, forme francisée de Filidori. Pendant plusieurs générations, la famille de ce Philidor continua de produire des musiciens d'un talent respectable sinon bien éclatant. François-André, à l'âge de neuf ou dix ans, fut pris parmi les pages dans l'orchestre privé de Louis XV. Les pages avaient le soin de distribuer et d'annoncer la musique, de tourner les feuillets et de se rendre utiles de diverses façons ; ils avaient parfois à chanter des chants alternés ou des airs séparés. L'orchestre jouait pendant le repas du Roi, et les musiciens devaient attendre un temps assez long dans une antichambre avant qu'on ne les demandât. Pendant ces longues stations d'attente, les musiciens avaient coutume de jouer aux échecs, et le petit Philidor, n'ayant rien à faire, les regardait ; il apprit bientôt le mouvement des pièces et commença à prendre un intérêt des plus vifs à ces luttes.

Un soir, un des joueurs se trouva en retard pour un motif quelconque, et son partenaire habituel se lamentait vivement de n'avoir aucun joueur qui pût se mesurer avec lui. Le petit Philidor — il avait alors à peu près dix ans — demanda s'il pouvait prendre la place du joueur absent. — « Vous ! lui dit le vieux musicien dédaigneusement, est-ce que vous connaissez quelque chose aux échecs ? Enfin, vous pouvez essayer ce dont vous êtes capable. Cela fera passer cinq minutes, en tout cas. »

Le jeu commença, et après une demi-douzaine de coups, le vieux joueur commença à s'apercevoir que sa victoire ne serait pas si aisée qu'il le croyait. Une demi-douzaine de coups encore et il comprit qu'il devait songer à la défense de son roi ; dix-huit ou vingt coups suffirent pour assurer sa défaite ; l'enfant se leva avec précaution, fit encore un déplacement de pièce et cria : « Échec et mat », puis se sauva en levant les bras pour protéger sa tête sur laquelle le vieux musicien, furieux d'avoir été vaincu par un garçon de dix ans, faisait pleuvoir les pions.

Sa passion pour le jeu d'échecs grandit avec lui. Il composa un grand nombre d'opéras, mais son cœur était ailleurs. Il écrivit un livre sur son jeu favori et donna son nom à l'une des ouvertures dans le « jeu des cavaliers du roi »[1]. Il vint à Londres et étonna les joueurs d'alors en jouant trois parties à la fois, les yeux bandés. Pendant que Camille Desmoulins haranguait le peuple au Palais-Royal, Philidor était assis au café de la Régence, deux ou trois cents mètres plus loin, jouant avec calme une partie d'échecs. Quand la Révolution éclata, il retourna en Angleterre ; il y vécut quelques années d'une petite pension que lui servaient les « chess-clubs » (clubs de joueurs d'échecs) de Londres

---

1. L'ouverture connue sous le nom de *Défense de Philidor* fut inventée par Ruy Lopez, mais Philidor y consacra tant de travail que son nom y demeura attaché. Les joueurs modernes se servent rarement de la *Défense de Philidor*, la considérant comme « irrégulière ».

et mourut le 31 août 1795. Son corps fut enterré,
dit-on, dans le cimetière de Saint-James Church, Pic-
cadilly.

*
* *

Le 26 décembre, Sophie Arnould, guérie des suites
de son accident, fit sa rentrée dans un travesti : le
rôle de « Colin » du *Devin de Village*. Elle s'était auparavant essayée dans un des rôles féminins de cette pièce,
mais sans grand succès, ce qui la détermina à prendre
celui de « Colin ». Le *Mercure* fut prodigue d'éloges,
mais il est douteux qu'un critique plus impartial eût
été du même avis. Elle dut ne jouer « Colin » qu'une
quinzaine et ne renouvela jamais l'expérience. Plus tard,
elle ne manqua pas d'accabler de ses sarcasmes celles
de ses compagnes qui prirent un de ces rôles avec
quelque succès. Mlle Allard, une charmante et fine jeune
femme, dont les très nombreuses « affaires d'amour »
avaient étonné et tout à fait scandalisé même les
nymphes de l'Opéra, se vantait un jour au foyer de son
succès dans un rôle d'homme qu'elle jouait alors.

« — Je suis sûre que la moitié de la salle a pensé que
j'étais un homme, disait-elle. »

« — Peut-être, ma chère, répondit malicieusement
Sophie, mais l'autre moitié savait bien que non. »

C'est sans doute à la même cause que l'on doit attribuer l'anecdote suivante. Mlle Allard avait d'elle un
portrait en pied où un des artistes les plus célèbres du
temps l'avait peinte complètement nue. Elle invita tous
les artistes de l'Opéra et tous les flâneurs du foyer à

venir le voir. Un des gentilshommes fit remarquer que
l'artiste n'avait pas été très heureux avec le visage de
la chanteuse.

« — Cela n'a pas beaucoup d'importance, s'écria
Sophie Arnould ; on peut enlever la tête, tout Paris
reconnaîtra quand même Mlle Allard. »

Comme tous les ironistes « professionnels », Sophie
plaisantait avec autant d'aisance, si l'occasion s'en présentait, la vertu et le vice. Une des danseuses de l'Opéra
était une jeune femme très jolie et modeste, mais sans
grands talents intellectuels. Elle devait avoir assez de
bon sens et de bons principes pour se mettre à l'abri
des tentations, et, très sagement, épousa un jeune
homme qui put veiller sur elle et la garder des jeunes
passionnés qui papillonnaient dans les coulisses. Quelqu'un loua sa conduite devant Mlle Arnould.

« — Oui, répondit celle-ci, on trouve souvent de
grandes vertus dans les simples. »

CHAPITRE VI

(1768-1769)

Le premier « coup de canif » donné dans le contrat
irrégulier de Sophie Arnould et du comte de Lauraguais
l'avait été par Sophie; la seconde rupture, la plus
sérieuse, fut causée par l'inconstance notoire de Lauraguais. Sophie ne semble pas avoir fait beaucoup d'efforts
pour conserver la tendresse de son capricieux et volage
amant; elle ne songea guère qu'à se railler de la jeune
femme pour laquelle il l'abandonnait. D'ailleurs, un
changement était désiré aussi ardemment par tous les
deux, et Sophie était aussi inquiète de trouver un nouvel
amant que le comte de s'attacher à une nouvelle maîtresse. Si tel ne fut pas le motif de leur rupture, Sophie
n'était pas sans y être préparée, puisque le comte avait
déjà montré des velléités de fuir son vieil amour,
en 1767, année où une jeune danseuse de l'Opéra,
Mlle Robbi, lui fit tourner la tête. Cette liaison dura

bien peu de temps, mais Sophie comprit que son empire
sur le comte ne devait plus avoir que peu de durée, et
qu'il lui faudrait abdiquer quelque jour devant une
rivale plus jeune et plus belle.

Cela ne tarda pas longtemps. Le 26 février 1768, eut
lieu le début, sur la scène parisienne, de Mlle Heinel.
C'était une danseuse de dix-sept ou dix-huit ans, et qui
jouissait déjà d'une grande réputation à Vienne, qu'elle
venait de quitter.

Sa danse charmait par la délicatesse et le lent
abandon de ses mouvements. Horace Walpole, qui la
vit à Londres plus tard, disait : « Mlle Heinel est grande,
merveilleusement faite et fort belle : elle a une série
d'attitudes copiées sur l'antique; elle se meut avec la
lenteur gracieuse de la statue de Pygmalion, quand elle
vient à la vie, et elle fait des ronds de jambe aussi
imperceptibles que si elle dansait dans le Zodiaque, mais
ce n'est pas la Vierge. »

Tous ces charmes et une élégante et puissante stature
captivèrent tout à fait le sensible Lauraguais, et,
moins d'un mois après ce début, Bachaumont pouvait
annoncer que le comte venait d'abandonner complètement Mlle Arnould et donnait à la jeune Allemande un
« cadeau de noces » de 30.000 livres, un appartement
meublé d'exquise façon et un bel équipage. Il avait
ajouté à toutes ces libéralités un don de 20.000 livres à
l'un des frères de la danseuse que celle-ci chérissait
particulièrement. En retour, la dame le gratifia d'une
déplaisante maladie de peau. On estime qu'il dépensa

pour elle 100.000 livres, bien qu'elle se fût elle-même estimée modestement 14.000.

*
* *

Sophie paraît avoir à peine joué pendant l'année 1768. Il n'est pas possible de dire si son absence doit être attribuée à la maladie, à des querelles avec ses compagnes de théâtre ou à un attachement nouveau. Peut-être à toutes ces causes à la fois.

Legros, le principal ténor, avait été si mortifié par de piquants sarcasmes de Sophie qu'il refusa de jouer à ses côtés et, comme l'Opéra possédait un grand nombre de soprani mais peu de bons ténors, le directeur, après de vains essais de réconciliation, dut donner *Dardanus* avec une autre « Iphise ».

Mlle Arnould ne reparut en scène qu'à la fin de l'année (le 27 décembre), et cette réapparition fut un vrai triomphe.

De tels succès étaient alors fort rares. En effet, dans les années qui suivirent la mort de Rameau, avant l'avènement de Gluck, l'opéra français était dans une mauvaise voie; aucun ouvrage de mérite ne se produisait. Les spectateurs étaient fatigués des lamentations des personnages classiques et des *Fragments* interminables, et Rebel, le directeur de l'Opéra, avait prudemment écourté la partie « opéra » du programme, se confiant en ce qu'un critique appela la « danse noble mais suggestive » de MM^lles Guimard et Heinel pour sauver la fortune déclinante de son théâtre. Comme le disait Sophie Arnould : « le meilleur moyen de soutenir l'Opéra, c'est d'allonger les ballets et de raccourcir les jupes. » L'hiver fut très long et très rude, et cela ne fut pas pour relever les affaires du théâtre. On rapporte que Mlle Guimard, d'une inconduite assez notoire mais très charitable, donna plus de 8.000 francs aux pauvres de son quartier. Sophie Arnould en fit autant; elle distribua des sommes importantes et visita dans ce but l'Hôtel-Dieu. Comme elle passait dans les salles d'accouchées, elle se tourna vers les sœurs qui l'accompagnaient et leur dit : « Ce n'est pas ici que vous regrettez vos vœux de chasteté. »

Sophie quitta d'elle-même le théâtre pour ne pas assister au triomphe de Mlle Heinel et peut-être aussi par crainte des sarcasmes qu'elle eût entendus sur son compte au foyer, car elle craignait fort, comme tous les railleurs, les traits piquants dont elle pouvait être touchée. D'après ce que l'on peut connaître, par les rares détails qui nous sont parvenus sur sa vie intime, elle ne prit point de suite un nouvel amant. Elle vécut à la campagne, à quelques kilomètres de Paris, ou y fit, du moins, de fréquentes excursions. C'est dans une de ces promenades qu'elle rencontra le poète Gentil Bernard[1] couché sous un arbre ; elle lui demanda ce qu'il faisait : « Je m'entretiens avec moi-même, répondit le

---

1. Gentil Bernard s'appelait de son vrai nom *Pierre-Joseph*. Son surnom lui fut donné par Voltaire (le prince de Ligne le trouvait peu de circonstance) et lui resta si bien que son véritable nom fut oublié.

poète ». — « Prenez garde, dit Sophie, vous causez
avec un flatteur. » Une autre fois, elle rencontra un
médecin de sa connaissance. Il traversait le bois où elle
se trouvait et se hâtait pour aller rendre visite à un
malade. Comme c'était un passionné chasseur, il portait
un fusil, un peu par crainte d'une rencontre fâcheuse.
Sophie lui demandant où il allait, il lui répondit qu'il
courait au village voisin pour voir un malade. Et l'actrice,
regardant son fusil : « Est-ce que vous avez peur de le
manquer? » Par ces traits comme par la plupart de
ceux de Sophie, on voit qu'elle entendait bien que la
brièveté est l'âme de l'esprit, puisque ses pointes
étaient toujours lancées en peu de mots. Quand elle
s'essayait à l'épigramme, son esprit était gêné et ses
mots laborieux, dans le genre de ceux qu'elle fit au
sujet de ce duc bossu, possédant une très belle bibliothèque qu'il ne lisait jamais : « Sa bibliothèque est
comme sa bosse, elle lui appartient, il en est fier, mais il
ne la regarde jamais. »

Mlle Heinel n'avait que ses attraits physiques, ses
dix-huit ans et sa noble stature ; son excentrique et
frivole amant s'en fatigua bien vite. En moins d'un an,
c'en était fait de leur intrigue et Sophie, qui avait conservé d'amicales relations avec son ancien admirateur et
lui avait promis de le tenir au courant des nouvelles de
Paris — sans doute au moment où il subissait un de
ses nombreux exils ou emprisonnements, — pouvait se
livrer à des conjectures réelles ou supposées sur le
dernier protecteur de Mlle Heinel. En lisant entre les
lignes, on peut trouver, dans la lettre suivante, la trace

d'une rancune féminine mêlée à des regrets mal conte-
nus au sujet de son ancien amant :

« Ce jeudi 2 mars 1769.

« Vous m'avez donc oubliée totalement, cher comte,
car je n'ai reçu aucune nouvelle de vous depuis votre
départ, et cependant je vous ai déjà adressé un griffon-
nage de la pauvre Sophie, tel que vous m'en aviez
demandé avant votre départ ; j'espérais qu'il me vaudrait
au moins une petite réponse dans laquelle vous vou-
driez bien m'apprendre des nouvelles de votre santé!...
car c'est à quoi je m'intéresserai toujours ; quant aux
autres, elles eussent peut-être été fort au-dessus de ma
portée, car, franchement, je suis mauvaise politique et
entends fort mal tout espèce d'affaires. De nouvelles,
quant à celles du genre que vous m'avez demandées,
Paris en a été fort stérile. Il n'y a eu, de toutes nos
dames, que Mlle Heinel qui ait fait un peu parler d'elle
depuis quelque temps, par le choix qu'elle a fait d'un
nouvel amant, — les choses ont été faites avec un tel
secret qu'on ignore jusqu'au·nom de cet amant; — l'on
en nomme trois ou quatre, sans savoir positivement
lequel est l'amphitryon. Les uns disent M. le prince
de Conty ; les autres, le duc de Condé; les autres,
M. d'Estinville, les autres Randon d'Amécourt, parent
des Randon de Boisset : en un mot, c'est un chaos
d'amants que l'on ne peut parvenir à débrouiller. L'on
commence pourtant à s'assurer que ce n'est ni l'un ni
l'autre des deux derniers que j'ai nommés ci-dessus ; et

l'on est en suspens sur lequel des deux premiers; pour moi, je parierais pour le prince de Conty... qui, je crois, a fait les choses bien magnifiquement, car il a, dit-on, donné cent mille francs d'argent comptant, une maison de cent trente-cinq achetée pour elle, rue de Richelieu, sur le Palais-Royal, et des meubles à l'avenant, un carrosse et des chevaux superbes. Il faut croire que le fol (tel qu'il soit) a payé pour tout le monde, et si c'est M. le prince de Conty, je la crois obligée d'avoir c... ouvert une fois par semaine, à l'imitation de son magnifique amant, qui a maison ouverte tous les lundis; cela ne l'empêche pas d'avoir toujours sa loge à toutes ses belles à c..., duquel j'ai l'honneur d'être quelquefois du nombre, et je puis vous assurer que son ordre de baiser n'en est pas plus diminué; les unes ont le front, les autres les yeux, les autres le col; quant à moi, j'ai toujours mon petit bout de menton, et m'en tiendrai, je crois, longtemps à cette partie; vous ne me conseillerez pas, je crois, de descendre plus bas. Trêve de plaisanteries que je ne me permettrais qu'avec vous, parce que je suis sûre qu'elles seront ensevelies ainsi que toutes mes bêtises, et que vous voudrez bien me garder le secret le plus inviolable sur l'un et sur l'autre. Que vous dirais-je après cette longue lettre, vous savez que toutes le font, toutes l'ont grand, et selon la bernique, elles ont de la pratique. Ma foi, laissons-les faire.

« Si je ne craignais de profaner mes héroïnes, je vous parlerais un tantinet de celles des Français, et je vous apprendrais que Mme Vestris est un peu déchue de cet engouement que le public avait pour elle; que

Mlle Dubois a reparu dimanche dernier dans *Inès de Castro*, où elle a eu le plus grand succès, un suffrage unanime, des applaudissements à faire tomber la salle; que les comédiens viennent de remettre *le Siège de Calais*, dans lequel elle a eu les mêmes succès et les mêmes applaudissements. L'on parle encore d'une pièce appelée *le Déserteur* que l'on a annoncée pour lundi à la Comédie-Italienne. Mlle de C.....mollet, célèbre actrice de ce théâtre, a épousé le petit Trial, mais je sens que tout cela ne peut vous intéresser autant que notre sublime académie; ainsi prenez que je ne vous ai rien dit du reste.

« Recevez seulement favorablement les assurances de respect et d'estime que vous a vouées pour la vie votre très affectionnée

« SOPHIE.

« Je vous envoie ci-joints encore des couplets faits sur Mlle Heinel. Ils ne sont pas merveilleux : traitez-les en partie comme les enfants d'une folle qui vous est fort attachée. En tout cas, que vous ne trouviez pas les rimes exactes, j'abandonne cette partie, car elle ne m'appartient pas; je ne réclamerais de toutes ces bêtises que le choix des airs et le fond de la chose.

« Il faut convenir que cette Sophie est un gazetier bien envieux, j'en conviens, et, sur ce, finis ainsi que mon papier, car.... [1] »

---

1. Lettre autographe de la collection de M. A. J. Doucet, citée par M. de Goncourt : *Sophie Arnould*, pp. 63 et suiv.

Il semble, à la lecture de cette lettre, que le comte avait rompu avec Mlle Heinel et l'on soupçonne que Sophie se souciait encore de son fantasque amant et, pour se venger de toutes ses infidélités, aurait désiré le voir encore à ses pieds. Il y a beaucoup de finesse féminine dans sa manière d'exciter sa jalousie en parlant du prince de Conti. Celui-ci, cependant, ne pouvait guère en inspirer, ni en ressentir lui-même, puisqu'on rapporte qu'il avait soixante maîtresses en titre, sans compter les « imperceptibles », ce qui, même en ce xviiie siècle, pouvait passer pour unique, à tel point que l'Europe s'y intéressait.

On a dit que Sophie Arnould avait eu un fils de cet « amant général », mais il semble bien que l'on ne doive accorder aucun crédit à cette assertion qui n'est fondée que sur une légende si vague qu'elle a des airs de mystification et ne mérite aucune attention. Il paraîtrait que des maçons occupés à démolir une vieille maison, il y a trente ou quarante ans, découvrirent dans le mur une petite boîte en fer; cette boîte paraissait très solidement construite et fermée par un secret. Pensant qu'elle pouvait contenir de l'argent ou des bijoux, ils la brisèrent, non sans de grandes difficultés, mais n'y trouvèrent que quelques vieux papiers que, dans leur désappointement, ils mirent en morceaux. Le propriétaire de la maison, informé de l'incident, vint recueillir les fragments de papier qu'il réunit comme il put. Il s'aperçut alors que ce document était une lettre de Sophie Arnould dans laquelle il était parlé d'un fils alors à l'École Polytechnique et qui, d'après la date de

la lettre, ne pouvait être aucun des deux fils survivants
du comte de Lauraguais.

Dans aucune des lettres qui nous sont restées de
Sophie Arnould, il n'est fait mention de ce fils ; on
n'y trouve rien qui s'y rapporte, aucun souvenir, si
bien que l'on peut nettement affirmer qu'il n'a jamais
existé. Il est vrai que Sophie dit dans ses Mémoires que
le prince avait songé à s'attacher à elle, mais qu'il lui
avait demandé d'être à lui « toute entière, sans distinction ni réserve ». Si le prince exigeait de toutes ses
maîtresses un engagement de cette sorte, ce devait être
un assez grand fou ou un ironiste d'un nouveau genre.
Sophie déclare qu'elle refusa, prétextant « qu'elle
n'avait pas de goût pour la grandeur exagérée », mais
il est plus probable qu'elle se souciait peu d'accepter la
soixantième partie d'un protecteur. Elle dit que le
prince se montra toujours un excellent ami, lui fit de
beaux présents, qu'il applaudissait à ses succès et
colportait ses mots d'esprit. En somme, on peut, sans
manquer à la charité, supposer que le nom de la charmante et spirituelle actrice fut inscrit sur la liste des
« imperceptibles ».

Mlle Heinel n'excita pas aussi longtemps la curiosité
de ses compagnons de théâtre que celle de ses amants,
mais elle prit une sorte de *respectabilité* en se mariant
enfin avec Gaëtano Vestris. Ils s'étaient, au début, pris
de querelle, et Gaëtano l'avait appelée « catin », mot
cruel, dont ne put certes la consoler la sarcastique
réponse de Sophie : « que les gens étaient devenus si
grossiers qu'ils appelaient les choses par leur nom. »

Elle trouva cependant un puissant défenseur dans le public, et le vieux Vestris fut forcé, à l'une des soirées qui suivit, de venir s'agenouiller au milieu de la scène et de lui faire des excuses. Ce dut être un coup bien rude pour sa vanité, qui était immense, et sur laquelle on raconte bien des anecdotes amusantes. Peut-être fut-il, en dernier lieu, attiré vers la jeune femme en l'entendant appeler « une Vestris en jupons », et, une année plus tard, Mlle Heinel devint Mme Vestris. Ses amours, paraît-il, furent tout aussi nombreuses, mais plus discrètes, après son mariage. Grimm donne de la vie intime des jeunes Vestris une description plus pittoresque qu'édifiante, et l'on ne peut imaginer que l'entrée dans la famille de ce nouveau membre en augmenta sensiblement la moralité.

*
* *

Sophie Arnould n'avait pas grand souci des applaudissements, et c'est la raison peut-être pour laquelle elle ne déployait pas toujours tous ses talents dans les rares occasions où elle chantait. Sa beauté, sa puissance dramatique et sa réputation d'esprit l'avaient rendue aussi célèbre dans la salle qu'elle était impopulaire dans les coulisses. Les *impresarios* d'alors avaient avec leurs acteurs moins de difficultés qu'aujourd'hui, et si quelque *prima donna* se rebellait, par mauvaise volonté ou caprice, on l'envoyait en prison, mais il leur était bien difficile, sinon impossible, de savoir si une actrice donnait ou non tout ce qu'elle pouvait donner. Les soupçons des directeurs durent être éveillés dans bien des cas où Sophie prétexta une indisposition à la seconde ou troisième représentation d'un nouvel opéra, après avoir chanté d'une manière splendide à la première, et ces soupçons durent être presque confirmés par un incident qui survint cette année-là (1769).

Le 5 février, Sophie jouait dans *Érosine* un de ses anciens rôles et le « joua mieux qu'elle ne le chanta, sa voix lui ayant absolument refusé son service ». La soirée suivante, on donna *Dardanus*, et bien qu'elle eût dans cette pièce un de ses meilleurs rôles, elle ne put ou ne voulut pas chanter et l'opéra tourna presque à la farce.

Mais la seconde représentation fut toute différente. Pensant probablement que n'importe quel artiste était suffisant pour chanter à côté d'une *prima donna* sans voix, les directeurs confièrent le rôle de « Dardanus » à un nouveau chanteur du nom de Muguet, qui n'avait ni voix ni figure et dont le jeu était sans expression. Ses efforts excitèrent d'abord des rires moqueurs, qui se changèrent bientôt en sifflets. Alors, un changement subit se fit en Sophie. Sa voix devint claire et sonore à un point que ne lui avaient jamais connu ses admirateurs, et son jeu fut passionné. Si mal secondée, elle réussit pourtant à sauver l'opéra d'une chute complète et même en fit un succès. Elle dit plus tard à un ami qu'elle aurait fait mieux encore si Legros avait joué avec elle, Legros étant le seul ténor qui l'aidât à déployer tous ses moyens.

Quelle qu'ait été la cause de tels caprices, il est cer-

tain que les relations de Sophie avec la direction du
théâtre étaient loin d'être amicales ; elle parla alors de se
retirer définitivement de la scène. La nouvelle causa une
émotion considérable, et plusieurs nobles de la Cour
s'employèrent personnellement, pour Sophie, à persuader aux directeurs de « pardonner aux fantaisies de
cette aimable actrice » ; ils amenèrent même celle-ci, et
ce dut être là le plus difficile de leur tâche, à « faire des
concessions aux susnommés ». Il y eut une réconciliation, mais Sophie stipula qu'elle ne serait pas appelée
au théâtre avant le jour de la Saint-Martin (11 novembre),
date à laquelle serait prêt le nouvel opéra où elle promettait de chanter, le soir de l'ouverture, dans *Castor et
Pollux*.

Peut-être se lassa-t-elle de son inactivité, ou pensa-
t-elle qu'il ne fallait pas espérer voir l'ouverture du nouveau théâtre à la date fixée, puisqu'elle reparut le
4 octobre dans un acte intitulé *Psyché*. Elle donna une
grâce nouvelle à la pièce par son jeu inimitable. Comme
elle était toujours en grande faveur auprès du public,
qu'elle n'avait pas joué depuis plusieurs mois et qu'on
n'espérait plus l'entendre encore dans la salle des
Machines, elle fut reçue avec des « transports indescriptibles ». On déclara que sa voix « était plus soutenue
et non moins suggestive que jamais », et que ses attitudes, qui étaient toujours belles et pleines d'attrait,
remuaient profondément tous les spectateurs. Peut-être
trouvera-t-on l'explication de ces louanges excessives
dans ce fait que les paroles de l'opéra étaient de l'abbé
de Voisenon, qui fut le collaborateur de Bachaumont

dans les « Mémoires secrets » d'où nous avons pris cet extrait.

Quelques jours après, nouvelle note sur Sophie, qui était venue de Fontainebleau pour chanter à l'Opéra et devait y retourner directement après la représentation. A l'occasion de sa visite à la Cour, sa verve piquante lui causa quelques ennuis. Le Roi venait d'être, depuis quelques mois, captivé par les charmes de Mme Du Barry, et la dernière des grandes « Reines de la main gauche » était alors dans toute sa puissance. Sophie Arnould avait dû voir souvent à l'Opéra la maîtresse royale, quand celle-ci n'était que Mlle Lange, « la vache à lait du comte Jean Du Barry », et que ce rusé coquin s'en servait comme d'un miroir aux alouettes pour les riches seigneurs qu'il voulait plumer.

Sophie n'avait guère de respect pour personne, et ne la regardait que comme « la femme la mieux entretenue de toute la France ». On ne sait de quelle façon elle fit voir son mépris pour la favorite, mais elle fit, dit-on, preuve d'une « telle audace » et d'un « manque si essentiel de respect » envers Mme Du Barry que le Roi ordonna son emprisonnement à « l'Hôpital » pour six mois.

Bien que l'on ne connaisse pas exactement la nature de l'offense, il est probable qu'elle dut cette sentence à l'une des étranges boutades de son ancien amant, le comte de Lauraguais. Cet excentrique personnage avait fixé sa résidence à Fontainebleau, à cause d'une jeune femme qu'il avait enlevée à Paris et qu'il avait nommée, pour la circonstance, la comtesse du Tonneau. La plaisanterie, ainsi que nous l'avons dit ailleurs [1], était assez lourde, mais si mauvaise qu'elle fût, il est possible que le Roi pensa qu'elle n'était pas de son invention, et, comme on le savait encore en bons termes avec Sophie Arnould, bien qu'elle ne fût plus depuis longtemps sa maîtresse, qu'elle l'avait trouvée pour lui. Cette supposition dut naître un peu de ce fait que Sophie, à cette occasion ou quelque temps avant, avait lancé ce trait assez anodin sur le nom de la favorite : « Quand le baril roulera, le chancelier (M. de Choiseul) aura les jambes cassées. »

Cette raillerie assez légère ne put être la seule cause de la colère du Roi contre l'actrice, puisqu'une foule de traits bien plus méchants étaient lancés chaque jour contre la Du Barry par les scribes aux gages du duc de Choiseul ; d'autant plus que le mot était dirigé plutôt contre le chancelier de Maupéou que contre la favorite et que celui-ci, peu en faveur auprès du Roi, était plutôt capable de pactiser avec ses ennemis.

En tout cas, la question est de peu d'importance, puisque Sophie n'alla jamais à « l'Hôpital » ni dans aucun autre lieu de détention, ou tout au moins n'y resta que quelques heures. Mme Du Barry avait un cœur très généreux et prompt à pardonner toutes les offenses. Il semble qu'elle avait fait le vœu de ne laisser personne endurer quelque peine à cause d'elle, et, dès qu'elle eut connaissance de la condamnation de la célèbre actrice, elle vint aussitôt trouver le Roi

---

1. *Life and times of Mme Du Barry.*

pour lui demander la grâce de Sophie. Elle eut quelque
peine à gagner sa cause, mais Louis ne sut pas résister
à un tel avocat et le pardon de Sophie fut accordé. Le
comte de Lauraguais devait être enfermé à la Bastille,
mais la Du Barry intercéda pour lui et réussit à faire
changer cette sentence en une condamnation à un an
d'exil. Or, le comte s'accommodait mieux de cette peine,
puisque, exilé déjà plusieurs fois, il s'était toujours
arrangé pour obtenir son pardon après quelques mois
de séjour en Angleterre ou ailleurs.

Les acteurs et les actrices de l'Opéra s'étaient beaucoup réjouis de la disgrâce de Sophie. Il n'en était pas
un qui n'eût eu à souffrir de son esprit caustique, et,
dès son retour parmi eux, ils se livrèrent à une petite
vengeance assez peu spirituelle. « Avec une merveilleuse charité, dit Bachaumont, ils prirent soin de lancer
le mot d' « Hôpital » chaque fois que Sophie était à
leur portée, ce qui devait grandement humilier l'orgueilleuse reine de l'Opéra. » Leur joie était sans doute
d'autant plus vive que la punition de Sophie était le
résultat d'une insulte faite à une femme de mœurs
légères. On n'aurait pu trouver une femme vertueuse à
l'Opéra, mais toutes se donnaient de grands airs d'hon-
nêteté, avec le respect outré du décorum, tandis
que Sophie Arnould étalait sans cesse son effronterie cynique à propos des mœurs, choquant par sa
franchise ses sœurs aussi faibles qu'elle. On rapporte
qu'un soir, un grand souper fut donné à plusieurs chanteurs et danseurs de l'Opéra. Les dames étaient toutes
magnifiquement parées, leurs belles épaules et leurs cous

tout chargés de diamants. La table était couverte de
mets choisis et des vins les plus rares ; les gentilshommes présents rivalisaient d'attention et de politesse ;
la conversation n'avait pas cessé d'être courtoise, et de
ce ton discret et choisi que nos pères notaient d'un seul
mot : « élégant ». Sophie était de mauvaise humeur,
son esprit plus acerbe encore que de coutume, et, subitement, elle apostropha les dames invitées en s'écriant
au milieu du repas : « Vraiment, quelqu'un penserait
en nous voyant que nous sommes toutes des princesses
ou des grandes dames, à tout le moins, tandis que nous
ne sommes pas autre chose qu'une bande de p..... »
La scène qui suivit cette étonnante saillie, dit la chronique, fut indescriptible. Des femmes se mirent à crier,
l'une d'elles eut un commencement d'attaque de nerfs, et
les plus calmes elles-mêmes déclarèrent qu'elles ne
voulaient pas rester plus longtemps à table avec une
personne qui se servait d'un langage aussi révoltant.

L'expression qui scandalisa si fort les oreilles sensibles de ces actrices légères était assez souvent
employée par Sophie, ce qui ne pouvait tendre à lui
attirer un peu plus d'affection. Le duc de Praslin
s'inquiétait un jour auprès d'elle d'une *fille de l'Opéra*
qu'il avait connue, mais dont il avait oublié le nom.
Il la décrivait de son mieux à Sophie, ajoutant qu'il ne
se rappelait que de la fin de son nom, un nom en « ain ».

« Ah ! Monsieur le Duc ! répondit Sophie, vous ne
trouverez jamais. Tous nos noms finissent comme
cela. »

* *
*

Une représentation de *Dardanus* avait été donnée à
Fontainebleau devant la Cour. On y avait déployé le
plus grand luxe. De nouveaux et splendides costumes
avaient été créés à cette occasion, et comme les actrices
désiraient vivement montrer leurs nouveaux atours aux
spectateurs de Paris, on pria Sa Majesté d'accorder
gracieusement à ses sujets la vue d'une représentation
semblable à celle-ci, pendant laquelle, du reste, il avait
si consciencieusement sommeillé. Les faveurs qui ne
coûtaient rien étaient facilement accordées par Louis XV,
et la représentation fut donnée. Sophie Arnould se
surpassa elle-même pour gagner les applaudissements
du public, fermer la bouche de ses ennemis et faire
oublier le souvenir de sa récente aventure.

Elle y réussit, du moins en ce qui concernait le
public, mais ses camarades de scène ne cessèrent point
leurs allusions blessantes et le mot d' « Hôpital » con-
·tinua, comme par le passé, à lui résonner aux oreilles,
si bien qu'elle quitta le théâtre pendant plus de deux
ans. Comment employa-t-elle ce long intervalle, c'est
ce que nous ne pouvons dire. Selon toute probabilité,
elle commença alors cette surprenante série d'amours
de passage qui l'ont rendue fameuse; mais s'il en fut
ainsi, nous devrions trouver son nom cité fréquemment
dans les écrits de Bachaumont, ce friand de scandales.
Or, pendant vingt mois (30 novembre 1769 au
13 août 1771) son nom ne figure dans aucune de ses
pages, et s'il vient au bout de sa plume, c'est pour

affirmer que « la demoiselle Arnould, si célèbre par ses
talents, et qui fit rire tant de gens », est en train de
se rendre elle-même un objet de risée par l'annonce de
son prochain mariage avec un jeune coureur de dots qui
n'avait d'autre mérite que celui d'avoir su captiver une
actrice possédant quelque fortune.

Cette nouvelle était fausse de tous points, puisque
Sophie ne se maria jamais et même — autant que nous
pouvons le savoir — ne fut jamais sur le point de se
marier, ce qui fait voir que l'auteur du passage cité ne
savait absolument rien de la vie privée de l'actrice.

Il est assez difficile de concevoir qu'elle pût rester
dans un calme aussi grand et goûter un aussi long
repos sans encourir la colère des directeurs, ou sans se
faire conduire à Fort-l'Évêque, mais on doit se rappeler
que MM. Rebel et Trial désiraient depuis longtemps
résilier son engagement et n'en avaient été détournés
que grâce à l'intervention des gentilshommes de la
Cour. Du reste, ils pensaient eux-mêmes à quitter la
direction de l'Opéra, la ville de Paris ayant l'intention
d'en faire un théâtre lui appartenant.

En tout cas, personne ne vint entraver la liberté de
Sophie. Elle en profita pour faire de fréquentes visites à
tous les théâtres de Paris, distraction habituelle de
tous les acteurs en congé. Elle devait se trouver au
Théâtre-Français le soir où l'un des acteurs, s'avançant
au bord de la scène, après la représentation du *Père de
famille*, drame qui eut alors le plus grand succès, mais
bien oublié aujourd'hui, vint annoncer que l'on jouerait
à la prochaine soirée *Hamlet*, avec le cinquième acte

complètement refait, le parterre se souleva comme un
seul homme, et cria : « Non, non, pas Hamlet, le
Père de famille. »

Elle assista certainement à la représentation du
drame de Lemierre, écrit sur *Guillaume Tell*, en 1769.
Cette légende n'était pas très goûtée du public français
— elle l'aurait sans doute été davantage une vingtaine
d'années plus tard — et après quelques soirées on jouait
la pièce devant des salles à peu près vides. L'auteur,
pour remplir le théâtre, distribua généreusement des
billets parmi les Suisses habitant Paris, ce qui lui
procura des spectateurs enthousiastes, mais cela sans
profit. Sophie Arnould, qui vit la composition d'une de
ces salles, fit cette remarque : « Le proverbe dit :
Pas d'argent, pas de Suisse ; ici, il y a beaucoup de
Suisses, mais pas d'argent. »

Lemierre avait été souvent le sujet de ses railleries.
Il lui racontait une fois que d'Alembert avait dit, à
propos de sa tragédie *Hypermnestra*, que l'auteur avait
fait faire un pas à la tragédie : « Oui, repartit l'actrice,
mais est-ce un pas en avant ou un pas en arrière ? »

Ce fut à l'une de ses visites au théâtre, pendant l'hiver,
qu'elle vit l'abbé Terray, le très impopulaire contrôleur
général des finances. La température était particulièrement froide, l'hiver étant d'une rigueur extrême, et
l'abbé avait enfoncé ses mains dans un large manchon :
« Qu'a-t-il besoin d'un manchon, demanda-t-elle, est-ce
qu'il n'a pas toujours les mains dans nos poches ? »

Elle fréquenta sans doute les grandes *demi-mondaines*
du temps ; on la voyait souvent dans le magni-

fique hôtel qu'on venait de construire pour ce
« Squelette des Grâces », Mlle Guimard. Ce splendide
édifice était situé rue de la Chaussée-d'Antin ; on l'appelait « le Temple de Terpsichore ». Son établissement
dut coûter des sommes immenses, à tel point que si
riche que pût être Mlle Guimard, on doutait qu'elle pût
faire face à toutes les dépenses. Quelqu'un demandait, en
la présence de Sophie, si la danseuse pourrait acquitter
toutes ses dettes avec honneur : « Naturellement, fit
Sophie, Guimard est l'âme de l'honneur, elle mourra un
jour sur un lit d'honneur. »

On rencontrait aussi Sophie aux dîners connus sous
le nom de « dominicaux », qui se donnaient chez Louis,
célèbre médecin, tous les invités étant membres d'une
Société d'harmonie. Un des règlements de cette Société
portait qu'aucune femme ne pouvait y être admise,
mais une exception avait été faite en faveur de Sophie,
et elle put entendre, en ces dîners, Crébillon fils,
Barré, Vadé, Chaussepierre chanter les chansons de
leur composition. La plupart de ces productions, on le
suppose bien, n'auraient pu être publiées, et bien
que tous les membres fussent de « bonne compagnie »
au point de vue social, il n'est pas douteux qu'aucune
femme respectable ne se serait souciée d'obtenir le privilège qui ravit Sophie Arnould. Mais si l'on en juge par
certains de ses bons mots qu'il serait difficile de repro-
duire, il est à peu près certain qu'elle n'était pas le
moins du monde celle de la société qui eût songé à rou-
gir en entendant quelque plaisanterie trop libre ou
quelque chanson risquée. Quand, au foyer, un « mora-

liste atrabilaire » se répandait en invectives contre la
dépravation à la scène, et citait comme exemple le
nombre des « femmes de mauvaises mœurs » qu'il voyait
là réunies, Sophie l'arrêtait avec cette remarque :
« Laissez au moins les pauvres filles jouir de la perte de
leur réputation. » Elle agissait d'ailleurs conformément
à cette maxime et peut-être ne s'est-elle jamais autant
réjouie de la perte de sa réputation que lorsqu'elle se
trouvait assise à la table de l'éminent médecin.

CHAPITRE VII

(1770-1773)

La saison fut si rigoureuse que le nouvel Opéra ne put être prêt à la date fixée. L'ouverture ne se fit que le 24 janvier 1770. On critiqua vivement la construction et l'aménagement de l'édifice; les loges et le parterre étaient fort mal disposés et les galeries si loin de la scène qu'elles semblaient « être un autre monde ». Sophie dit à ce propos à l'architecte Soufflot : « Ah! Monsieur, qu'allons-nous devenir? Nous allons être obligés de crier comme tous les diables pour nous faire entendre au paradis. » La scène toutefois était d'une largeur et d'une hauteur suffisantes; on l'avait très bien combinée pour le libre jeu des décors et la machinerie en était parfaite.

Sophie, ne désirant sans doute pas crier comme tous les diables, ne chanta pas de toute l'année, si ce n'est à l'un des trois « bénéfices » de la Compagnie, au mois de mars. Si l'état de sa santé était aussi précaire qu'elle voulait bien le dire, elle n'avait certes pas pris le chemin d'une guérison rapide. Elle s'était munie d'un nouveau « protecteur » en la personne de Charles-Alexandre-Marc-Marcellin d'Alsace et d'Hénin-Liétard, prince d'Hénin et du Saint Empire, colonel aux grenadiers de France. Ce personnage était d'une suffisance extrême, mais au moins n'avait-il point de crises de passion violente, ne brisait-il pas les meubles, et laissait-il assez calme Sophie. Il n'avait pris une maîtresse que parce que le contraire eût été de « mauvais ton », et que se poser en protecteur d'une actrice célèbre valait en ce temps-là un brevet de vertu.

La jalousie, selon toute apparence, ne devait pas être un de ses défauts; il permit à Sophie de faire tout ce qui lui plaisait; elle usa de la permission. Elle reçut à maison ouverte. « A sa table, écrivent spirituellement les Goncourt, — un autel de la vie libre et des libres amours! — les jeunes ducs, tout bottés pour l'exil, venaient jurer, entre les mains de la déesse, fidélité éternelle aux déesses de l'Opéra... Les ambassadeurs étrangers la couvraient de diamants, les altesses sérénissimes se mettaient à ses genoux, les ducs et pairs lui envoyaient des équipages, les princes du sang daignaient l'honorer d'enfants[1]. » Il y avait là peu de femmes qui eussent été capables de lutter avec elle en dépravation et aussi indifférentes jusqu'à la témérité et

---

1. D'après la *Chronique galante*, elle eut une fille du prince de Condé et cette fille épousa le comte de R. On n'a pas les preuves de ce racontar.

jusqu'au cynisme devant la perte des pauvres lambeaux
de réputation qu'elle eût pu conserver. Quelque gentilhomme gascon, visitant un jour ses appartements, s'ex-
tasiait devant le dôme splendide qui se trouvait au-
dessus de son lit : « Et notez, lui dit-elle, que ce n'est pas
le dôme des Invalides. »

*
* *

Au mois de mai de cette année, eut lieu le mariage
du Dauphin depuis Louis XVI, avec Marie-Antoinette, et
naturellement, il y eut de grandes réjouissances à la
Cour et à la ville. Sophie Arnould joua sans doute à
Versailles. M. de Goncourt cite une lettre écrite par la
comtesse Du Barry à l'actrice, priant la belle Sophie « de
se surpasser elle-même », puisqu'elle devait jouer
« devant la fille des Empereurs », et il note que cette
lettre le surprend puisque Sophie ne joua presque pas
cette année-là. Il est vrai qu'il commet une erreur en
fixant la date de 1772 pour le mariage du Dauphin. Ce
mariage eut lieu en 1770, mais la difficulté n'en sub-
siste pas moins, puisque, si Sophie Arnould joua très peu
en 1772, elle semble n'avoir pas joué une seule fois en
1770. Du moins, il n'en est fait mention dans aucun
écrit du temps, et Bachaumont et *le Mercure de France*
sont muets à ce propos.

*
* *

En décembre 1770, le duc de Choiseul fut mis en disgrâce et envoyé en exil. On attribua cette cruelle mésaventure à Mme Du Barry, qui n'y fut pour rien, et l'on fit
du duc, après sa chute, une sorte d'idole, un martyr ;

on fit circuler des tabatières avec son portrait sur l'un des côtés, celui de Sully sur l'autre. Sophie qui n'avait pu oublier la généreuse intervention de Mme Du Barry, et s'était rangée à son parti, dit de ces tabatières qu'elles étaient fort bien, qu'on y avait mis à la fois « la recette et la dépense », ce qui était une allusion plaisante et fine aux prodigalités de M. de Choiseul et à la parcimonie du fameux ministre de Henri IV.

Ce fut dans *Pyrame et Thisbé* que Sophie, pendant une ou deux soirées, fit sa réapparition en 1771. Elle y fut grandement applaudie. Mais comme d'habitude sa voix eut bientôt des défaillances et les critiques firent remarquer, en témoignant de leurs regrets, « que sa santé n'était pas encore assez bonne pour lui permettre de donner plus souvent au public tous les plaisirs que lui procurait sa présence. » Mlle Beaumesnil dut la remplacer, mais bien qu'elle n'eût que des attitudes pleines de grâce et tous les charmes extérieurs nécessaires à une actrice, on fit remarquer qu'elle n'avait pas ces délicates nuances d'âme et d'expression où triomphait sa rivale.

Sophie revint au théâtre pour jouer dans une soirée « à bénéfice »; la salle fut comble, et jamais le public ne se montra si empressé de la voir dans le rôle de « Psyché ». Le moindre siège se paya un louis. La recette, dit Bachaumont, dépassa six mille francs, sans compter les loges royales [1].

---

1. Il doit y avoir là une faute d'impression, et c'est sans aucun doute *dix* qu'il faut lire, puisque, quelques lignes plus loin, l'écrivain ajoute que le samedi précédent la recette *n'avait été que de* huit mille et quelques cents francs.

Elle dut cesser à nouveau de paraître sur la scène ou
tout au moins, n'y créa pas de nouveau rôle avant celui
qu'elle tint dans *Amadis de Gaule*. Cette pièce était
un ancien opéra de Lulli, dont Berton, l'un des directeurs de l'Opéra, avait cru utile d'écrire à nouveau la
musique.

Berton était loin d'être un Lulli, et bien que le rôle
éploré d'« Oriana » eût été joué dans la perfection par
Sophie Arnould, qui se donna toute entière dans la
sublime apostrophe que jette l'héroïne, — un des rares
morceaux que Berton avait heureusement respectés, —
cette expérience assez téméraire n'eut aucun succès[1].
On joua cependant encore plusieurs fois *Amadis de
Gaule* et, ce qui est plus remarquable, Sophie continua d'y chanter, puisque le *Mercure* (janvier 1772)
note que : « Mlle Arnould, malgré sa mauvaise santé,
prouve combien elle a de talent, et quelles ressources
elle a pour plaire. »

En résumé, dans les rares occasions où elle parut
au théâtre, Sophie mit de plus en plus en évidence ce
talent si remarquable qui devait parvenir à son apogée
dans l'incarnation qu'elle devait réaliser plus tard des
héroïnes de Glück, où elle se rendit tout à fait célèbre
comme actrice tragique, et comme la première protago-
niste de l'Opéra moderne. Elle donna une autre preuve
de son génie dans *Castor et Pollux*, qui se joua dans le
mois de février. Le critique du *Mercure*, toujours il est

---

1. Fétis, *Dictionnaire des Musiciens*. Art. *Amadis*.

vrai bien disposé pour elle, écrit : « qu'elle ne jouait plus
là un rôle, qu'elle était Thélaïre elle-même, et que tous
les sentiments qu'elle traduisait passaient à leur insu
dans l'âme des spectateurs. »

Cette adulation devait l'enivrer, et bien qu'elle pro-
fessât une certaine indifférence à l'égard des applaudissements, elle ne pouvait s'empêcher de se sentir idolâ-
trée par le public et de céder en conséquence à des
caprices.

A la soirée du 24 mars, elle refusa de jouer sans
même prendre comme d'habitude le prétexte d'une indisposition. Bien loin d'essayer de pallier son mauvais
vouloir en invoquant tel ou tel motif, elle fit cette bra-
vade de venir au théâtre et de s'asseoir dans une loge.
Les directeurs lui firent demander la raison de cette
présence dans la salle quand son nom figurait sur
l'affiche, mais elle répondit effrontément qu'elle venait
prendre une leçon de Mlle Beaumesnil, sa remplaçante.
On se plaignit au duc de La Vrillière, auquel sa qualité
de chambellan donnait le contrôle de la musique du Roi,
et on lui demanda d'envoyer l'actrice à Fort-l'Évêque.
Or, ce distingué gentilhomme se faisait de beaux revenus avec les lettres de cachet, et ne donnait d'ordres de
mise à la Bastille qu'au prix de 50 louis, le tarif étant
réduit pour les prisons de moindre importance. Il
trouva sans doute que ce serait créer un précédent
fâcheux que d'envoyer quelqu'un en cellule sans qu'on
ait payé, et comme les directeurs avaient omis cette
formalité préalable, il se contenta de mander Sophie et
de lui faire une forte semonce.

Cette indulgence ne désarma pas la rancune des spectateurs, fort mal disposés contre Sophie, et une cabale s'organisa qui devait le mardi suivant faire subir « une humiliation » à l'orgueilleuse et impertinente actrice. Les conspirateurs furent fidèles au rendez-vous ; mais Sophie, qui désirait sans doute racheter sa faute, déploya toutes les séductions de sa voix, de sa beauté et de son talent, et personne n'eut le courage de faire entendre le moindre cri. Son jeu dramatique et captivant leur fit oublier leur projet et ceux qui étaient venus pour siffler restèrent pour applaudir.

Un de ses mots les plus hardis date de cette époque. On avait joué le 19 mars, aux Italiens, une petite opérette, *le Faucon*, dont la musique était de Monsigny et les paroles de Sedaine. Le sujet était tiré d'un conte célèbre de Boccace, où il est raconté qu'un amant, n'ayant rien pour traiter sa maîtresse, tua son faucon favori pour le lui faire manger. Sophie, dont on voulait l'opinion sur cette pièce, se fit longtemps prier. Elle semblait n'en concevoir qu'une mince estime, mais sans s'expliquer davantage. Enfin, paraissant céder aux instances de ceux qui la questionnaient sur son dédain : « C'est que, répondit-elle vivement,

Rien n'est beau que le vrai, le vrai seul est aimable. »

Les jeux de mots de Sophie, bien qu'ils ne soient pas d'aussi libre allure, sont assez nombreux. Elle avait un goût assez vif pour cette forme de raillerie qui n'est cependant pas d'une grande finesse. On pourrait en citer bien des exemples, mais ils ne donneraient pas au lecteur la note juste de ce qu'était l'esprit de Sophie. Un de ses meilleurs est celui-ci. Il s'agissait d'un certain intendant du prince de Guéméné, que l'on soupçonnait d'avoir embrouillé à son profit les comptes de son maître. Cet intendant avait la manie des honneurs littéraires, faisait des vers et commit un livret d'Opéra qu'il fit lire par un de ses amis à Sophie Arnould : « Je trouve que l'auteur a un peu pillé, lui dit-elle, mais au surplus c'est digne d'un Voltaire » (Vole-terre). Si le trait échappa à l'auteur, il dut être assez flatté.

Castor et Pollux fut un grand succès et cela, surtout, grâce au jeu de Sophie. La salle était pleine à chaque représentation. Grimm raconte qu'un vieux marchand assez stupide, venu pour la première fois à l'Opéra, et qui n'avait pu trouver un siège, dut se tenir debout avec une trentaine d'autres spectateurs dans une loge que l'on appelait *le coche*. Il supporta cette fatigue pendant tout le premier acte, mais quand le second commença avec les funérailles de *Castor*, il se mit à crier : « Assez ! j'ai donné mon argent et je suis étouffé, j'éclate et tout cela pour voir un enterrement. Je puis voir cela tout à mon aise, et pour rien, tous les jours de la semaine, à Saint-Roch. »

Il y avait dans cet opéra une danse de démons, et, le premier soir, les répétitions n'ayant pas été suffisantes, cette danse eut lieu tout en désordre. Cette même après-midi, la nouvelle s'était répandue dans Paris de la mort du duc de Vauguyon, un gentilhomme très impopulaire, et Sophie Arnould fit cette remarque : « Les

démons sont si troublés par l'arrivée du duc de Vauguyon parmi eux qu'ils en ont perdu la tête. »

Pendant quelques mois encore, nous perdons de vue
Sophie. Le 17 novembre eut lieu le début de Mlle Virginie. Malgré sa nervosité, on vit qu'elle avait une
belle voix, bien dirigée, et on lui fit une réception très
favorable. « On espérait beaucoup de cette débutante,
dit un critique, car elle est élève de Sophie Arnould. »
Et il fait remarquer quel avantage ce serait pour le
public si les maîtres du chant voulaient consacrer leurs
loisirs à former de bons élèves. Il faut espérer que
Mlle Virginie ne prit auprès de sa maîtresse que des
leçons de musique.

Sophie ne fut pas témoin du succès de son élève.
Mlle Fleury venait de donner naissance à un enfant
illégitime, et comme le prince de Nassau était ou avait
été un de ses nombreux amants, elle lui en avait attribué la paternité ; le nom même du prince avait été
porté sur les registres de la paroisse comme celui du
père. Sophie avait promis d'être la marraine de l'enfant,
mais, devinant bien que le prince n'était pas du tout
ravi de cette affaire, elle s'était prudemment retirée à
Spa, environ une quinzaine avant les couches de
Mlle Fleury. En effet, il n'était pas très prudent d'offen-
ser ouvertement de puissants personnages en ces jours
où les portes des prisons s'ouvraient avec tant de
facilité. Naturellement, le prince fut dans la plus grande

indignation et voulut avoir la page du registre qui portait son nom pour l'arracher et la détruire, mais, voyant que cela était impossible, il jeta feu et flamme, insulta sa maîtresse et chercha querelle à un gentilhomme qui avait, comme Sophie, promis d'être parrain de l'enfant, mais qui, lui, avait tenu parole, bien qu'il se fût fait représenter par un mandataire.

Que Sophie se soit rendue à Spa simplement pour ne pas se trouver sur le chemin du prince ou qu'elle s'y soit rendue pour sa santé, toujours est-il qu'elle ne revint à Paris que dans la semaine qui suivit le baptême, et son nom ne parut sur les affiches de l'Opéra que pour la soirée du mardi 1er décembre. En tout cas, sa visite à Spa n'avait pas dû lui apporter un mieux durable, puisque, dans la représentation d'*Adèle de Ponthieu*, un opéra de La Borde, le valet-musicien de Louis XV, elle ne put paraître en scène, bien que son nom figurât sur l'affiche, et son rôle fut joué par Mlle Beaumesnil. Cette actrice dut, pendant l'année, remplacer assez souvent Sophie, dont on ne trouve le nom que bien rarement dans le cours de la saison. Elle chanta quelquefois dans *Castor et Pollux*, mais les critiques se plaignirent que son jeu n'avait plus autant de chaleur, et Beaumesnil ou Rosalie Levasseur furent souvent appelées à la remplacer.

Son esprit, toutefois, n'avait rien perdu de sa vigueur, et sa manière de vivre était plus voluptueuse et plus dissipée que jamais. Elle habitait alors au Palais-Royal, probablement près de l'endroit où se trouve aujourd'hui le théâtre de ce nom. En octobre 1773, à la naissance

du duc de Valois, fils du duc d'Orléans, Sophie demanda
la permission de tirer un feu d'artifice derrière sa maison, dans le jardin. La lettre par laquelle elle sollicita
cette faveur est assez curieuse, et rédigée dans un style
impertinent et flatteur à la fois :

    « Monseigneur,

« Suivant un usage antique, à la naissance des rois,
on apportait de l'or, de la myrrhe et de l'encens : l'or,
aujourd'hui, serait une offrande trop vile pour un grand
prince comme vous ; la myrrhe est, je crois, un aromate
peu agréable ; quant à l'encens, tant de mains délicates
le font fumer devant vous que je n'ai garde de m'en
mêler.

« Par la position de ma demeure sur le jardin de
votre palais, Monseigneur, je me trouve à portée de faire
parvenir jusqu'à l'auguste accouchée l'éclat et le bruit
de notre hommage. Le dédaignerez-vous ? Je n'ai à
présenter à Votre Altesse qu'un petit feu, une explosion
vive et beaucoup de fumée ; celui dont brûlent nos cœurs
pour Votre Altesse est plus durable et ne s'éteindra
qu'avec nos vies.

« Je suis, etc. »

Au XVIIIe siècle, de tels compliments ne semblaient
pas déplacés et fades ; la demoiselle Arnould obtint la
permission demandée et le feu d'artifice eut lieu, très
brillant, attirant une foule de ses sœurs plus humbles
qui déambulaient sous les arcades du Palais-Royal.
Cet attroupement, peut-être plus encore que le feu

d'artifice, réjouit merveilleusement les amateurs et l'on
applaudit fort la demoiselle Arnould.   ·

Du reste, Sophie n'avait saisi cette occasion de la
naissance du duc de Valois que pour se faire une bonne
réclame dont elle avait besoin, car ses fréquentes
absences menaçaient de la faire tomber dans l'oubli. Cet
oubli n'aurait pu l'atteindre que dans sa profession, car,
personnellement et dans sa vie privée, elle ne courait
pas ce risque. Elle donnait des bals et des dîners
auxquels se trouvaient toutes les belles actrices et
toutes les femmes à la mode de Paris. Elle s'était fait
une sorte de petite cour où se donnaient rendez-vous
nobles et seigneurs, depuis le « conquérant de
Minorque », blanchi au service du vice, jusqu'au hobe-
reau gascon venu à Paris pour solliciter une place.
Avec eux, se trouvaient des soldats comme Dumouriez,
un excellent commandant, mais un homme dont les
actions ou les paroles n'étaient guère dignes de confiance, et ce grand niais de chevalier de Tiersin, dont
Sophie disait qu'il était comme une grande maison dont
les chambres du haut sont toujours les plus mal meu-
blées. Il y avait là aussi quelques beaux esprits, des
auteurs : Marmontel, Crébillon fils, le plus ennuyeux
des écrivains obscènes ; l'abbé Voisenon, qui n'était
qu'ennuyeux quand il écrivait en vers, et qu'indécent
quand il écrivait en prose ; l'abbé Arnauld, toujours
prêt à jouer du bâton pour Glück et la nouvelle école de
musique, et Dorat, « froid et poli comme un marbre »,
disait Sophie, mais dont les vers, cependant, ne man-
quaient pas d'une certaine chaleur.

Dorat était un grand admirateur de Sophie. Il était de mauvaise humeur, restait silencieux et refusait de manger quand il voyait à table l'actrice flirtant avec un amant riche ou puissant. Son affection n'était guère payée de retour. Quand ses *Fables* parurent, en 1773, elles n'eurent aucun succès, bien qu'on en eût acheté quelques exemplaires pour les gravures, toutes excellentes, qui les ornaient, ce qui fit dire à Sophie Arnould : « Ce pauvre Dorat se sauve par les planches. » Une autre fois, comme quelqu'un se plaignait en présence de l'auteur du prix élevé du livre : « Examinez donc bien, lui dit Sophie Arnould, le papier, les gravures et les vignettes, vous verrez que les vers sont pour rien. »

CHAPITRE VIII

(1774)

Nous arrivons au moment où Sophie Arnould atteint
à l'apogée de sa renommée. L'école d'opéra français dont
elle avait été jusqu'alors n'avait que peu de mérite, à
l'exception de son harmonie, et si elle atteignit à une
certaine grandeur d'expression dramatique pour traduire
les œuvres de Rameau, de Philidor et de Lulli, elle ne
tirait de l'orchestre qu'un assez faible secours. L'arrivée
de Glück opéra un changement remarquable. Il n'entre
pas dans nos desseins de louer le génie du grand compositeur allemand et il est inutile d'entrer dans des discussions au sujet d'une gloire que le temps a définitivement consacrée. La grande et simple mélodie de Glück
remplaça la gentille et pimpante musique des écoles

françaises et italiennes, mais ce ne fut pas sans une lutte assez vive à laquelle prirent part tous les lettrés et les artistes de la France.

Les plus habiles plumes, celles de Marmontel, de d'Alembert et de La Harpe, se mirent au service de Piccini, le compositeur italien qui déployait alors une vive ardeur pour contre-balancer l'influence du compositeur favori de Marie-Antoinette, mais leurs efforts demeurèrent superflus, et Glück resta le maître. Peut-être cette prédilection de la Reine n'eut-elle qu'une mince influence. C'était au public qu'il appartenait de trancher en dernier ressort, mais il est probable que la victoire de Glück fut rendue plus complète par l'intensité et la force dramatique que mit Sophie Arnould dans son incarnation des héroïnes du maître qui n'appelait pas ses œuvres des « opéras » mais des « drames musicaux ».

Il n'est pas douteux que le génie de Glück eût, de toutes façons, triomphé des traditions de l'ancien opéra français, mais il eut certainement du bonheur en trouvant, pour l'aider, une actrice telle que Sophie Arnould. Le compositeur et l'artiste avaient l'un et l'autre sur leur art des opinions certainement en avance sur leur temps.

On rapporte que, dans les derniers jours de 1773, Sophie Arnould répétait un rôle de *Céphale et Procris*, opéra de Grétry, pour une représentation qui devait être donnée le 30 décembre devant le Roi et la Cour. A l'une de ces répétitions, elle arrêta subitement l'orchestre, et s'adressant à Francœur, le chef :

« — Que veut dire ceci, Monsieur, je crois qu'il y a rébellion dans votre orchestre.

« — Comment, Mademoiselle, de la rébellion. Nous sommes tous ici pour le service du Roi, et nous le servons avec zèle.

« — Je voudrais le servir aussi, mais votre orchestre m'interloque et m'empêche de chanter.

« — Cependant, Mademoiselle, nous allons de mesure.

« — De mesure, *quelle bête est cela?* Suivez-moi, Monsieur, et sachez que votre symphonie est la très humble servante de l'actrice qui récite. »

Que Francœur ait obéi ou non, c'est ce que ne dit pas l'histoire ; il est probable qu'il obéit. Castil-Blaze, le critique musical, auteur de plusieurs ouvrages sur l'Opéra, pense que cette habitude de ne pas s'asservir à la mesure fut cause que Glück finit par enlever à Sophie les rôles qu'elle tenait dans ses œuvres pour les donner à des artistes plus jeunes qui ne sacrifiaient point le chant à l'action. « Elle avait coutume d'abréger ou de prolonger à son gré les sons, suivant ses impressions ou l'état de sa voix, dit le critique que nous venons de citer, et son talent dramatique devint en conséquence superflu quand elle eut à se plier à la mesure comme un simple coryphée. »

La principale raison de cette défaveur était que sa voix, qui n'avait jamais été bien puissante, était tout à fait incapable des efforts exigés par certaines situations dramatiques plus encore que par le chant. L'autre était que sa vie dissipée l'avait fait négliger ses devoirs pro-

fessionnels et rendue plus impérieuse que jamais. D'un
autre côté, le prince d'Hénin, le protecteur en titre de
Sophie Arnould, montrait une grande antipathie pour
le chevalier de Glück, pour lequel il était d'une inso-
lence extrême. Quant à Mlle Rosalie, l'actrice à laquelle
furent à la fin donnés les rôles créés par Sophie, c'était
la maîtresse du comte Mercy d'Argenteau, l'ambassadeur d'Autriche, que Glück désirait particulièrement
obliger.

Mais il sera mieux de parler de tout ceci dans
l'ordre des dates. Heureusement pour le biographe,
les informations sur cette époque de la vie de Sophie,
le zénith de sa carrière, sont assez nombreuses, Métra
venant avec sa *Correspondance secrète* suppléer son
compagnon Bachaumont comme marchand de scandales. Ni l'un ni l'autre, il est vrai, ne sont bien
dignes de foi, mais si l'on avait à choisir, ce serait
encore Bachaumont qui se présenterait comme le plus
complet. Il est fort malveillant, mais ne sort pas de son
sujet, ainsi que le fait continuellement Métra, pour
raconter quelque histoire mensongère, assez épicée,
sur telle ou telle personne vivante ou morte. Le fait
que la *Correspondance* de Métra fut publiée à Londres
donne une raison assez plausible à cette licence de
calomnie et de mensonge.

Bachaumont commence l'année en donnant, dans
les premières pages, à la date du 20 janvier, deux
lettres qui auraient été échangées entre Sophie Arnould
et l'abbé du Terray. Dans l'une, Sophie fait allusion à
ce bruit qui se serait répandu d'une demande de *croupe*

ou d'intérêt dans le fermage de l'une des taxes, demande
qui aurait été faite pour elle, en faveur de ses talents.
Et l'abbé lui répond qu'elle a été mal informée. Mais il
est inutile de citer ces lettres, elles sont évidemment
toutes d'invention. L'une n'est qu'un prétexe à satire
contre le ministre très impopulaire, et cela sous le cou-
vert de la spirituelle et railleuse actrice, tandis que la
réponse contient des allusions peu décentes à la vie
plus que légère de Sophie Arnould.

S'il est permis de faire quelque supposition au sujet
de l'origine de ces lettres, on peut imaginer que le
comte de Lauraguais n'en fut peut-être pas l'auteur,
mais qu'il aida à les composer. On pensera sans doute
qu'une telle action n'était pas digne d'un gentilhomme,
surtout quand elle devait atteindre une femme qui avait
été sa maîtresse pendant plusieurs années et dont il
avait eu quatre enfants; mais il faut se souvenir qu'au
xviiie siècle le code de l'honneur n'avait pas tout à
fait les mêmes lois que de nos jours.

En tout cas, il est certain qu'à ce moment ce seigneur
fantasque et d'esprit exalté venait de rentrer à Paris,
au retour d'un exil plus long que de coutume en Angleterre, où il s'était rendu célèbre de diverses façons. Peut-
être, en secret, soupirait-il encore pour Sophie, peut-être
aurait-il aimé renouer avec celle qui lui était certainement plus chère que sa femme, mais sa place était prise,
et, depuis quelque temps déjà, le prince d'Hénin était le
protecteur en titre.

Ce prince ne devait pas avoir une personnalité bien
intéressante. Il était orgueilleux, plein de suffisance,

pédant et sans esprit, et les avantages de la société d'une femme telle que Sophie ne purent réussir à métamorphoser ce personnage ennuyeux. Peut-être de Lauraguais rendit-il une visite à son ancienne maîtresse, et la trouva-t-il changée, ou lui-même, jaloux du prince et chagrin de la voir enchaînée, même pour un moment, à un compagnon aussi lourd et bouffi de prétention, résolut-il de jouer un tour au protecteur.

Et voici l'histoire que raconte Bachaumont (13 février 1774) : « M. le comte de Lauraguais, ce seigneur aimable, dont le fond de gaîté inépuisable est si merveilleusement secondé par sa vive imagination, après avoir amusé Londres, est venu réjouir cette capitale par ses saillies et ses plaisanteries ingénieuses; on en raconte une charmante.

Il a, ces jours derniers, formé une assemblée de quatre docteurs de la Faculté de médecine, appelés en consultation. La question était de savoir si l'on pouvait périr d'ennui. Ils ont tous été pour l'affirmative, et après un long préambule, où ils motivaient leur jugement, ils l'ont signé dans la meilleure foi du monde. La famille des *Brancas* est assez généralement composée de personnages idiots, hypocondres, vaporeux, mélancoliques, etc. Ils ont cru qu'il s'agissait de quelque parent du consultant et ils ont décidé que le seul remède était de dissiper le malade, en lui ôtant de dessous les yeux surtout l'objet de cet état d'inertie et de stagnation.

Muni de cette pièce en bonne forme, le facétieux seigneur est allé la déposer chez un commissaire et y porter plainte en même temps contre le prince d'Hénin, qui, par son obsession continuelle autour de Mlle Arnould, ferait infailliblement périr d'ennui cette actrice, sujet précieux au public et dont en son particulier il désirait la conservation. Il y requiert en conséquence qu'il soit enjoint au dit prince de s'abstenir de toute visite chez elle, jusqu'à ce qu'elle soit parfaitement rétablie de la maladie d'ennui dont elle est atteinte, et qui la tuerait, suivant la décision de la Faculté. »

La plaisanterie était assez bonne et non sans à propos, puisque Sophie se trouvait alors indisposée, bien que peu sérieusement. Elle chanta à l'Opéra vers la fin de janvier, mais dès le mois de février, elle manifesta le désir de se retirer de la scène, et envoya sa démission qui ne fut pas acceptée. On regardait alors tous les acteurs de l'Opéra comme les « serviteurs de Sa Majesté », dans le sens le plus complet du mot. Ils jouissaient de certains privilèges, mais n'étaient point libres et, du jour où ils se trouvaient au service du Roi, ne s'appartenaient plus. Quelle que fût la jeunesse d'une fille entrée à l'Opéra et portée sur la liste de la troupe, ses parents eux-mêmes n'avaient plus sur elle aucun droit de surveillance. Les jeunes nobles débauchés ne se faisaient pas faute de profiter de ce règlement, et quand ils désiraient séduire quelque jeunesse, ils avaient le soin de la faire entrer d'abord comme danseuse à l'Opéra. Quand l'enlèvement avait eu lieu, que les parents s'adressaient à la police pour retrouver leur fille, on leur répondait, après un jour ou deux, que celle-ci appartenait à l'Opéra Royal, et que, par conséquent, elle n'était plus soumise qu'à l'autorité du Roi et à celle des gentils-

hommes formant le comité qui régissait les théâtres
royaux. Ce scandaleux abus prit fin en 1775.

La réponse que l'on daigna faire à Sophie demandant
d'être déliée de ses engagements fut le refus poli qu'on
va lire :

« 16 février 1774.

« Je vois avec peine, Mademoiselle, que vous pensés
à la retraite et que votre motif est l'affoiblissement de
votre santé qui ne vous permet pas de remplir votre
devoir avec autant d'exactitude que vous le désireriés.
Je ne puis que louer une façon de penser si honnête,
mais en même temps à votre âge et avec du ménagement
vous pouvés espérer de vous rétablir aisément, ainsi,
je n'accepte point votre proposition quant à présent;
les ouvrages nouveaux que l'on se propose de mettre
au théâtre n'étant point de votre genre vont vous laisser un repos assés long, et d'ailleurs dans aucune circonstance l'on n'exigera de vous que ce que vos forces
vous permettront. Je suis persuadé que vous n'abuserés
jamais de cette facilité et qu'au contraire elle deviendra
pour vous un nouveau motif de contribuer en tout ce
qui pourra dépendre de vous au bien de l'Académie. »

« Vous connoissés les sentiments. »

Sous ces phrases polies et ces compliments étudiés,
paraît le soupçon d'une mauvaise volonté montrée par la
chanteuse.

L'auteur de la lettre devine bien que si Sophie offrait
sa démission, la jalousie et peut-être l'orgueil profes-

sionnel en étaient beaucoup plus la cause que l'état de sa santé.

Sophie savait comme tout le monde qu'un nouveau compositeur était à la veille d'instaurer une école entièrement nouvelle. Elle n'était pas absolument sûre qu'on lui confierait les rôles principaux dans les œuvres de ce compositeur (d'ailleurs, le fonctionnaire qui écrit la lettre en question semble dire qu'on ne réclamera pas de longtemps ses services), et elle avait grand'peur qu'on ne lui préférât sa rivale plus jeune, qu'elle détestait sincèrement, Rosalie Levasseur. La Reine et la Cour s'étaient rangées avec chaleur du côté du musicien, si bien qu'il était de toute évidence que l'opéra aurait du succès. Sophie craignait d'être laissée de côté et de n'avoir ainsi aucune part au triomphe ou de n'en recueillir qu'une faible partie si elle devait jouer un rôle secondaire à côté de Rosalie.

Le refus qu'essuya Sophie fut cependant une bonne fortune pour elle. Quand on distribua les rôles d'*Iphigénie en Aulide*, Sophie eut la joie de se voir attribuer celui d'« Iphigénie » et sans aucun doute Glück n'aurait pu mieux choisir. Il voulait que dans ses drames musicaux la musique fût l'interprète de la poésie, et tout ce qui était insipide et artificiel lui faisait horreur. Sophie Arnould, bien que sa voix ne fût plus aussi pure ni aussi puissante que celle de sa jeune rivale, était certainement la plus grande actrice de ce temps et la seule dont le génie pût s'élever au-dessus des conventions qui apportaient tant d'entraves aux progrès de l'opéra.

Pour sa part, elle justifia pleinement la confiance qu'on

avait mise en elle. Il était évident que cet opéra devait exciter l'intérêt du public à un degré encore inconnu jusqu'alors.

On a coutume aujourd'hui d'admettre à la répétition générale d'une pièce, outre les critiques et les amis de l'artiste, un certain nombre de privilégiés, mais il y a cent ans cette coutume n'était pas de règle et il n'y avait guère que quelques mélomanes qui fussent présents. Avec *Iphigénie* il en fut tout autrement, chacun désirait assister à l'une des répétitions, et directeurs et artistes étaient accablés de demandes d'entrées. Le théâtre fut en quelque sorte assiégé, et l'empressement était si fébrile que le prévôt des marchands consulta Rebel, le directeur, sur ce qu'il avait à faire. Rebel écrivit à Versailles pour demander des instructions et il reçut en réponse la lettre suivante :

« 31 Mars 1774.

« M. Le Prévost des Marchands paroît craindre avec raison que les répétitions de l'opéra d'*Iphigénie* ne soient tumultueuses par le concours immense de ceux qui demandent des billets pour entrer. Il serait sans doute à désirer que les répétitions puissent se faire à huis clos ou du moins avec un très petit nombre de connaisseurs. Mais je sens qu'il seroît bien difficile de s'opposer dans ce moment à la curiosité du public et que cela exciterait des plaintes de tous côtés. Cependant il faut prendre des précautions pour qu'il n'y arrive point de tumulte et que les répétitions générales se fassent tranquillement. La première est de demander une garde

pour les jours de représentations ; la seconde est de faire
afficher que personne n'entrera que sur un billet signé
des directeurs ; la troisième, de limiter sur les billets de
loge le nombre de personnes qui peuvent y entrer ; la
quatrième, de ne donner tout au plus que 3 ou 4 cents
billets de parterre et une centaine d'amphithéâtre. Par
ce moyen on peut espérer que les répétitions se passe-
ront tranquillement. J'écris à M. le Prévost des Marchands qui désire avoir quelques loges à sa disposition,
qu'il peut vous en faire demander le nombre qu'il voudra.
Vous, vous voudrés bien aussi en faire retenir une pour
M. de Villevault pour la répétition de samedi et une
pour M. Joly de Fleury conseiller, à celle de lundi. Ils
se sont adressés à moi l'un et l'autre pour en avoir ».

« *P.-S.* — Il ne faut laisser entrer qu'aux deux dernières répétitions ; à l'égard des autres, elles doivent se
faire, portes hermétiquement fermées. »

Glück s'entendait fort bien à la mise en scène. Il avait
surtout une horreur profonde pour les choristes qui
s'étaient contentés jusque là de se tenir en demi-cercle,
de jouer leur rôle sans un seul geste et sans montrer le
moindre intérêt pour ce qu'ils chantaient, et n'essayant
même pas de paraître en harmonie avec l'action des principaux interprètes. Le compositeur s'employait tout entier
à faire agir un peu ces automates, à leur faire montrer
quelques signes d'émotion et il tourbillonnait autour
d'eux, indiquant à chacun sa place et lui montrant comment il devait jouer. Cet exercice l'avait tellement échauffé

qu'en quelques minutes il s'était débarrassé de son habit, puis de sa perruque. Ce spectacle d'un vieux gentilhomme allemand circulant sur la scène en manches de chemises, un bonnet de coton sur sa tête chauve, devait être assez plaisant et rendu plus bizarre encore par la troupe d'admirateurs fanatiques qui le suivaient partout, portant avec respect les vêtements et la perruque qu'il venait de rejeter.

Il y eut d'autres incidents risibles. Mme Duplant, qui avait le droit de choisir son rôle, avait choisi celui d' « Iphigénie », ce qui embarrassa fort Sophie Arnould. Le rôle de « Clytemnestre » laissait une grande liberté d'action, mais d'un autre côté, « Iphigénie » était le rôle en titre, et si elle avait joué Clytemnestre, elle se serait trouvée être aussi jeune que l'actrice tenant le rôle de sa fille. Mme Duplant de son côté était tout aussi déterminée à ne pas jouer le rôle de « Clytemnestre ». On résolut la difficulté avec un peu de diplomatie. Tenter de faire renoncer Sophie à ses prétentions aurait été bien difficile sinon impossible, et la terreur qu'inspirait son esprit sarcastique rendait cette tâche si peu aisée que personne n'eût voulu l'entreprendre. On s'adressa donc à Mme Duplant. On lui persuada que Sophie, en raison de toutes ses aventures amoureuses, jouerait seule avec le feu désirable les scènes d'amour, et Duplant finit par accepter le rôle de « Clytemnestre » comme une sorte de certificat de moralité.

Son amant était alors un certain M. Collin, un riche boucher ou marchand de bestiaux. Sophie était naturellement au courant de cette liaison et il est probable

CH CARRINGTON ÉDITEUR

Imp. Ch Wittmann Paris

qu'elle connaissait les arguments dont on s'était servi pour décider Duplant à accepter le rôle de Clytemnestre. Pendant une répétition, un énorme chien s'égara sur le théâtre et pénétra jusqu'au foyer. Sophie appela l'animal, le caressa et, le prenant par le collier, le conduisit sur la scène au moment où chantait Duplant. Sophie s'approcha d'elle et, montrant le chien, lui chanta, parodiant un des passages de l'opéra :

Reine, de votre amant voici l'ambassadeur.

Ce fut un immense éclat de rire, à la grande confusion de Mme Duplant.

*
* *

Les difficultés que rencontra Glück pour arriver à faire répéter consciencieusement *Iphigénie* s'accrurent encore à la suite d'un décret royal, daté du 5 avril 1774. Par ce décret, qui causa une grande indignation parmi les demoiselles de l'Opéra, « il était interdit à toute personne étrangère au théâtre d'entrer dans le foyer ou dans les loges des actrices ».

·L'ordre était sensé et fort utile ; ce dut être une grande satisfaction pour Glück de voir les coulisses et les loges librès des intrus. Pourtant cette mesure n'avait pas été suggérée par lui ; on l'avait prise à la suite de plusieurs histoires du genre de celle-ci :

Un notaire du nom singulier de Boby venait de faire une banqueroute de 200.000 francs ; cette somme appartenait à ses clients et avait été presque toute dépensée pour les nymphes de l'Opéra où l'amoureux notaire

était fort répandu. Les actrices soupçonnaient avec
raison que l'argent qu'il dépensait si généreusement ne
sortait pas seulement de sa poche. « Ce pauvre pigeon
a été gentiment plumé, chuchotait un soir une danseuse à Sophie Arnould en lui montrant le notaire. —
Mais il peut voler tout de même, lui répondit Sophie. »

*
* *

Iphigénie devait se jouer le 12 avril, mais une indisposition de M. Larrivée, le principal chanteur, fit reculer
d'une semaine la première représentation, qui n'eut lieu
que le 19 avril. Jamais peut-être la salle de l'Opéra
n'avait vu plus brillante assemblée. A cinq heures
et demie, le Dauphin et la Dauphine, le comte et la
comtesse de Provence étaient déjà dans les loges royales ;
la duchesse de Chartres, la duchesse de Bourbon, la
princesse de Lamballe, tous les ministres et la plupart
des seigneurs de la Cour les avaient précédés, attendant
les premières notes de l'ouverture. Celle-ci fut écoutée
dans le plus grand silence, mais la présence de la famille
royale retenait toute manifestation, jusqu'à ce que Marie-
Antoinette, à la fin du premier récitatif d'Agamemnon,
donna le signal en frappant des mains, ce qui fit aussitôt éclater de toutes parts des tonnerres d'applaudissements. Le succès de l'opéra était assuré, tout au moins
du côté de la Cour, mais naturellement, comme la Dauphine avait chaudement épousé la cause de Glück, ce
succès eut un peu l'air d'être de convention. C'était peut-
être une raison pour qu'*Iphigénie* ne fût pas bien reçue
par le public en général ; la critique s'en ressentit, et les

comptes rendus de la pièce ne furent guère qu'un résumé assez bref du sujet, avec quelques mots d'éloges pour les principaux interprètes. Jamais Sophie n'avait joué avec plus d'âme ; sa voix parut avoir retrouvé toute sa puissance, mais elle n'eut pas les honneurs de la soirée, le *clou* de l'opéra fut l'air d'Agamemnon : *Au faîte des grandeurs*, dont l'abbé Arnaud disait : « Avec cet air-là on pourrait fonder une religion. »

Les représentations furent interrompues par la mort du roi qui survint le 10 mai. Mme Du Barry fut bannie de la Cour, et Sophie Arnould dit en parlant d'elle-même et des autres demoiselles de l'Opéra : « Nous sommes des orphelins qui ont perdu leur père et leur mère. » Les artistes eurent à souffrir un certain dommage, car le théâtre fut fermé pendant quelques semaines et ils ne touchèrent que la moitié de leurs appointements.

A l'ouverture, on reprit *Iphigénie* qui suscita un engouement incroyable. Les coiffures avaient alors des proportions gigantesques. Celle dite à « l'Iphigénie » était en comparaison bien simple. Elle consistait en « une guirlande de fleurs noires surmontée du croissant de Diane, avec une sorte de voile qui recouvrait à demi le derrière de la tête[1]. » Sophie, naturellement, portait un de ces chapeaux qui lui seyait à ravir. Une jeune femme fort respectable, Mme de Hunolstein, qui demeurait au Palais-Royal, fut tellement fascinée par Sophie Arnould dans son rôle d'« Iphigénie » qu'elle se prit pour elle d'une belle passion. Comment fit-elle pour faire

---

1. Métra, *Correspondance secrète*, vol. I, p. 64.

connaître ses sentiments à l'objet de son culte, nous ne le savons pas, toujours est-il que Sophie lui fit cadeau d'un de ces chapeaux à l'« Iphigénie ». Mme de Hunolstein trouva qu'il ne lui donnait pas si grand air qu'à l'actrice et, pensant que quelque détail lui échappait pour le bien porter, elle le fit renvoyer à Sophie avec un billet lui demandant de l'échanger pour un des siens. Le laquais porteur du chapeau et du message fut introduit dans la chambre de Sophie où il la trouva aux mains de son coiffeur. Le prince d'Hénin se trouvait aussi dans la pièce; il y avait donc là, comme le fait remarquer malicieusement Métra, l'amant qui payait et celui qui était payé. Sophie lut la lettre et, congédiant le laquais, prit le chapeau qu'elle portait d'habitude, le mit dans une boîte, puis, regardant l'un après l'autre le coiffeur et le prince d'Hénin, dit gravement : « Qui est-ce qui marche aujourd'hui? »

Ce ne fut pas la seule occasion dans laquelle Sophie montra son mépris pour son protecteur. Elle ne cessait de le gourmander, et non sans motifs quelquefois. Glück travaillait alors à un nouvel opéra, *Orphée et Eurydice*, et il venait souvent chez Sophie avec quelques artistes de l'Opéra pour étudier quelques airs. Ces visites avaient le don de déplaire souverainement au prince d'Hénin, qui, plus d'une fois, se permit des remarques sarcastiques sur les musiciens en général et sur Glück en particulier. Le vieux compositeur ne tint aucun compte de ces observations pendant quelque temps, mais il en concevait une secrète amertume et finit par ne plus venir chez la *prima donna* que lorsqu'il la croyait seule. Un jour qu'il

se trouvait là avec plusieurs acteurs, travaillant à la
musique d'*Orphée*, le prince d'Hénin, survenant à l'im-
proviste, rentra dans la chambre. Tous se lèvent et
saluent, excepté Glück, qui, s'installant plus commodément encore dans sa chaise, semble ne pas même s'apercevoir de l'entrée du prince. Pendant un moment, la surprise de ce dernier est telle qu'il reste sans voix, mais
éclatant enfin : « Il me semble, Monsieur, cria-t-il, que
l'usage en France, lorsque quelqu'un, et surtout un
homme de considération, entre, est qu'on se lève. »
Glück se lève et répond brusquement : « L'usage en
Allemagne, Monsieur, est de ne se lever que pour les
gens que l'on estime. » Puis se tournant vers Sophie
Arnould, il ajoute : « Puisque vous n'êtes pas maîtresse
chez vous, je vous quitte et ne reviens plus. »

Sur ces mots, il sortit la tête haute, se proposant
d'envoyer un cartel au prince, mais il réfléchit que celui-
ci était d'une poltronnerie notoire et prendrait certainement son rang pour prétexte de son refus de croiser le
fer avec un musicien, celui-ci fût-il chevalier. Glück
vint donc raconter l'histoire au duc de Nivernais, l'un de
ses plus chauds admirateurs. Immédiatement, le duc,
se constituant le champion du compositeur, fit dire au
prince qu'il avait insulté Glück chez Sophie Arnould,
insistant pour qu'il eût à se battre avec lui, duc de
Nivernais, ou à faire des excuses. Il est inutile de dire
que le prince donna la préférence à cette dernière offre;
il fit appeler le compositeur offensé, et il est à présumer
qu'il fit amende honorable d'une fort aimable façon
puisque l'on ne trouve plus, après cette date, dans les
écrits des contemporains, aucun détail sur cette querelle.

CHAPITRE IX

(1774-1775)

Le prince d'Hénin avait un motif légitime de jalousie :
Sophie avait un amant « sérieux » qui lui était profondément attaché et dont l'affection ne l'abandonna pas,
même alors qu'elle fut vieille, malade et pauvre.

C'était l'architecte François-Joseph Belanger. Sophie
l'avait connu dans les circonstances suivantes : Mlle Guimard, cette danseuse de l'Opéra dont nous avons déjà
parlé, s'était fait construire, dans la Chaussée d'Antin,
son fameux hôtel, ce « Temple de Terpsichore » dont
tout Paris s'entretenait. Cet hôtel avait coûté des sommes
énormes et ruiné quelques amants du « Squelette des
Grâces ». Mais Sophie, elle aussi, avait de riches amants
et jalousait la Guimard. Elle voulait se faire ériger un
palais plus grandiose encore que celui de la danseuse, et
Belanger fut pris pour en dessiner les plans. Ceux-ci
furent exécutés, et la maison de Sophie existe encore...
sur le papier, dans les cartons de la Bibliothèque

Nationale. Ce sont les plans du rez-de-chaussée, du premier et du second étages, le dernier comprenant quatre petites chambres que M^ll^e Arnould avait demandées pour y loger ses enfants. Il reste aussi un plan de la façade avec un entablement soutenu par deux cariatides. Une de ces statues, la Muse Euterpe, devait avoir les traits de Sophie elle-même.

Cette construction n'exista donc jamais que sur le papier; peut-être aurait-elle entraîné à une trop forte dépense, et peut-être aussi qu'au moment où Sophie devint la maîtresse de l'architecte elle ne songea plus qu'elle voulait lui faire édifier un palais.

François-Joseph Belanger était tout à fait propre à captiver Sophie. Il avait, alors, un peu plus de trente ans; c'était un homme de bonne culture, au visage agréable, enthousiaste, d'un excellent caractère, un amusant compagnon. Il cumulait à ce moment son métier d'architecte avec l'emploi de directeur des Menus Plaisirs du Roi, ce qui l'appelait à diriger l'arrangement de la scène et de la salle, et à engager les artistes. Ce rôle de pourvoyeur de la scène l'obligeait, naturellement, à fréquenter le monde du théâtre. C'était donc l'hôte bienvenu des soupers de Sophie, où il apportait non seulement l'appoint de sa conversation facile et charmante, mais quelquefois encore celui d'un spectacle nouveau, de quelque artiste inédit qu'il amenait avec lui, voire d'escamoteurs ou autres baladins de ce genre. Pour une fête de Sophie il en fit venir un qui promit avant le souper d'escamoter un assez grand buste en marbre de Sophie. Après quelques tours de passe-passe,

il se trouva qu'en effet le buste n'était plus là... Un grand
priape à deux pattes et ailé, comme il en est au Musée
de Naples, se trouvait à sa place.

Comme architecte, Belanger était un des hommes les
plus en vue du jour. Il est fait mention de lui dans un
« Almanach des Architectes, Artistes et Graveurs »,
publié en 1776; son nom y est inscrit sur la liste des
« Architectes de Paris qui ont donné des preuves de
leurs talents » avec les titres « d'Inspecteur des Menus-
Plaisirs, Dessinateur de la Chambre et du Cabinet des
Princes Frères du Roi ». On marque son adresse à
l'Hôtel des Menus-Plaisirs, rue Bergère[1].

Belanger trouva dans ses rapports avec Sophie non
seulement du plaisir, mais encore du profit. Elle le
recommanda à beaucoup d'amis et lui procura ainsi un
grand nombre de travaux. Ses meilleures œuvres furent
la villa et les jardins de La Bagatelle, dans le Bois de
Boulogne, qu'il construisit pour le comte d'Artois, et les
écuries entourées de pavillons dans le style des cottages
anglais, également pour le comte, ces écuries se trouvaient dans la rue qui en porte aujourd'hui le nom ; le
château de Méreville (Seine-et-Oise) construit pour la
famille de la Tour du Pin ; le château de Bel-Œil (en
Belgique) pour le prince de Ligne. On possède encore à
Paris quelques-uns de ses travaux : l'hôtel bâti pour
Mlle Contat, au coin de la rue de Berri et de l'avenue
des Champs-Élysées, et le dôme de la vieille halle aux

---

1. Cet Hôtel était situé à quelques mètres de l'endroit où
s'élève aujourd'hui le théâtre des Folies-Bergère.

blés (maintenant la Bourse de Commerce), peut-être le plus ancien spécimen de l'emploi exclusif du fer et du verre dans la construction d'une coupole.

L'affection fut durable, du moins de son côté; pour elle, elle l'aima avec autant d'ardeur pendant quelque temps, mais avec quelques interruptions dues à ses caprices. A un moment où elle venait de lui retirer sa faveur, elle lui écrivit une lettre pour lui signifier son congé et rédigea en même temps une autre lettre pour un acteur nommé Florence, l'invitant à venir prendre la place de Belanger. Ce dernier par hasard vient à la maison quelques minutes après le départ de Sophie, trouve les deux missives, les lit et change les adresses. Sophie fut si amusée de la chose quand elle l'apprit qu'elle lui rendit ses bonnes grâces, avec d'autant plus d'empressement, sans doute, que Florence, qui n'était pas au courant, avait cessé ses visites.

Belanger désirait se marier avec Sophie, mais elle s'y refusa toujours. Fut-ce par égoïsme ou pour d'autres motifs, c'est ce que nous ne pouvons dire. Peut-être avait-elle trop joué la reine sur le théâtre ou dans le monde pour ne pas craindre les moqueries de ses compagnes alors qu'on la saurait mariée à un architecte, ou bien pensait-elle que Belanger, par son union avec une femme comme elle, ayant trois enfants illégitimes vivants, verrait sa carrière brisée, et perdrait la protection du Roi et de la Reine. Si telle fut sa pensée, Belanger ne fut sauvé que pour un temps. Il resta célibataire pendant près de vingt ans, espérant toujours voir Sophie revenir sur sa décision. Mais, vers la fin de la Révolution, il fut jeté

en prison et y rencontra Mlle Dervieux, une courtisane
notoire. Ils furent tous les deux assez heureux pour
sauver leurs têtes et se marièrent peu de temps après
leur mise en liberté. Ce mariage ne lui fit toutefois point
de tort auprès de Louis XVIII, puisque, après la Restau-
ration, il fut fait chevalier de la Légion d'honneur, distinction que l'on ne prodiguait pas alors, et fut appelé
à tenir plusieurs postes importants.

Toutes les raisons que nous avons énumérées furent
sans doute celles du refus de Sophie, mais certainement
la première plus que les autres. Il y eut quelques plaisanteries sur son compte quand le bruit se répandit un
jour que ce mariage avait été fait, et elle se contenta de
dire : « Que voulez-vous? on m'a jeté tant de pierres que
je ne pouvais mieux trouver qu'un architecte pour les
utiliser. »

Il est temps de revenir à son histoire. Au mois d'août
1774, Glück fit représenter son second opéra *Orphée et
Eurydice*, et Sophie eut le principal rôle. Elle n'en tira
pas le même avantage que de celui d'*Iphigénie*, et bien
que le *Mercure* dise qu'elle joua « avec beaucoup d'âme,
d'intelligence et de précision », les honneurs de la soirée
furent pour Le Gros. L'impression générale fut que la
musique était très belle, mais que l'auteur du livret avait
« abusé de son privilège d'être plat » [1] et que les ballets ne
valaient pas ceux de *Castor*, l'opéra de Rameau joué
pour la première fois en 1737 et souvent repris dans
les années qui suivirent. Un mot plaisant circula au

---

1. GRIMM, *Correspondance*, vol. X, p. 472.

parterre : on disait qu'*Orphée* n'était qu'un *demi-castor*, terme usité pour désigner une sorte de chapeau et que l'on employait aussi pour parler des femmes dissolues et d'un rang secondaire.

*
* *

Avant la fin de l'année, on joua un assez mauvais opéra, *Azolan*, de Floquet, un musicien médiocre. On avait eu l'habitude, jusqu'alors, de faire jouer l'orchestre durant les entr'actes ; mais Glück introduisit la coutume de laisser, pendant ce temps, les musiciens jouir d'un repos bien mérité. Le compositeur d'*Azolan* pensa qu'il ne pouvait mieux faire que de suivre l'exemple de Glück, ce qui fit dire à l'un des violonistes que les entr'actes étaient ce qu'il y avait de mieux dans son opéra.

*
* *

Le comte d'Artois était un fidèle de l'Opéra, et bien qu'il fût marié depuis un an à peine on le disait très sensible aux charmes des nymphes de ce théâtre. Castil Blaze écrit « qu'au mois de novembre de cette année le comte obligea la Ville de Paris à lui donner une des loges de la municipalité, et que son premier soin fut d'en garnir l'entrée de rideaux verts destinés à cacher entièrement aux autres spectateurs les personnes occupant la loge. Il ajoute que le premier soir il y conduisit mystérieusement Mme Du Barry, assez âgée, dit-il, pour être sa grand'mère [1]. » Il faut espérer pour la bonne

---

1. L'Académie Impériale de Musique. Paris, 1855.

renommée de Castil Blaze comme historien que ses
récits sont en général plus conformes à la vérité que
celui-ci. Quelle que soit la personne qui ait accompagné
le comte d'Artois, ce ne fut certainement pas Mme Du
Barry, qui était alors étroitement enfermée à l'Abbaye
du Pont-aux-Dames, d'où elle ne sortit qu'un an plus
tard. C'eût été, du reste, il faut le remarquer, une
grand'mère bien jeune, puisqu'elle n'avait à cette époque
que trente et un ans.

*
* *

Avant de terminer la relation de cette année, il nous
faut parler de la querelle entre Sophie Arnould et
Mlle Raucourt, de la Comédie-Française. Cette dernière,
une jeune femme, avait fait ses débuts devant Louis XV
en 1772 et lui avait plu à un tel point ·qu'il avait donné
des ordres pour qu'elle fût admise au Théâtre Français.
Elle avait dû, également, s'attirer les bonnes grâces de
Mme Du Barry, en se disant née dans le pays de la favorite. Elle racontait aussi que son père avait fait partie
de la troupe des comédiens au service particulier de
Stanislas, roi de Pologne. La première assertion était
mensongère, puisqu'elle était née à Paris [1] ; quant à la
seconde, peut-être était-elle exacte — car Mlle Raucourt
était une véritable enfant de la balle — mais elle n'aurait pas mentionné ce détail si elle n'avait su que l'oncle
de Mme Du Barry avait été laquais du même monarque.

Cette actrice avait à peine dix-sept ans quand on

---

1. Jal, *Dict. critique de Biogr.*, p. 1042.

l'accepta dans la troupe de la Comédie-Française. C'était alors un « dragon de vertu » ; elle avait fait le vœu de demeurer chaste et vertueuse. Quand elle rencontra Sophie, elle blâma sa manière de vivre, et comme un jour elle lui peignait les avantages de la chasteté :

« Cela peut être, répliqua l'actrice, mais j'ai lu dans la Bible qu'un certain figuier avait été maudit et séché, et tout cela parce qu'il était vierge ! »

Il est pénible de dire que les belles résolutions de Mlle Raucourt s'évanouirent bientôt en fumée et qu'elle put alors rivaliser de dépravation avec les plus impures. L'amitié dont elle s'était liée avec Sophie ne devait pas durer ; bientôt les deux femmes se montrèrent une froideur de plus en plus grande jusqu'à ce qu'enfin elles s'abandonnèrent à une franche inimitié. Quand on considère, d'ailleurs, que Mlle Raucourt avait à peine la moitié de l'âge de Sophie, qu'elle était fort jolie et montrait une aptitude remarquable à s'initier promptement à tous les vices des demi-mondaines, il semble très logique que ni elle ni Sophie ne pouvaient se souffrir comme rivales à tous les points de vue. Leur haine mutuelle s'explique donc aisément sans qu'il soit besoin de recourir à des théories que les amateurs de scandales ont mises en avant.

Ce fut donc alors entre les deux femmes une guerre d'épigrammes et d'allusions méchantes, et comme on peut s'y attendre ce ne fut pas Sophie qui montra le moins d'aigreur. Mlle Raucourt, de son côté, jeune et jolie, assez prodigue de ses faveurs, ne pouvait manquer de défenseurs, et si elle ne pouvait lutter d'esprit avec sa rivale, elle possédait assez de champions prêts à croiser le fer avec ses admirateurs.

Le marquis de Villette, qui faisait partie de sa bande, parla un jour de Sophie dans des termes si blessants, que Belanger, qui était présent, prit son parti avec véhémence. Le marquis, sans répondre, déclara qu'il mettrait en morceaux le gredin qui oserait le contredire. Belanger comprit que les laquais de Villette seraient chargés de le bâtonner et il réclama la protection de la police. Les amis des deux parties s'interposèrent et la querelle fut vidée de la façon la plus comique. Les adversaires furent mis en face l'un de l'autre, l'épée en main, et on les sépara de suite avant qu'ils aient eu le temps de croiser le fer. La petite comédie fut jouée consciencieusement et le plus gravement du monde, et l'on déclara que l'honneur était satisfait des deux côtés.

*
* *

Dans les premiers jours de janvier 1775, eut lieu la reprise d'*Iphigénie en Aulide*. Glück avait remanié quelque peu la pièce, il y avait fait certaines additions, retranché plusieurs passages et, à son grand regret, avait dû allonger les ballets. Il dut agir ainsi pour contenter un peu tout le monde, entre autres le vieux Vestris qui lui demanda d'écrire une *chaconne* pour son jeune fils.

« Vous pensez donc que les Grecs dansaient la chaconne ? » grommela le musicien.

« Quoi ? ils ne la dansaient pas ? répondit le vieux

Vestris avec étonnement, c'était des gens bien à plaindre. »

Le vieux Glück gronda bien un peu ; mais Vestris eût ss chaconne et se retira satisfait.

Iphigénie eut un succès plus vif encore qu'à la création. Tous les artistes avaient repris leurs anciens rôles et y remportèrent un triomphe, c'est du moins ce que rapportent les critiques du parti Glückiste. Le 13 janvier, Marie-Antoinette, accompagnée de Monsieur, Madame et le comte d'Artois, vint à l'Opéra. Le chevalier Glück fut mandé par la Reine qui le complimenta sur le succès de son ouvrage. On avait ajouté à l'opéra quelques lignes flatteuses à l'adresse de Marie-Antoinette, et le passage chanté par Legros, l'artiste qui tenait le rôle d'Achille, excita un enthousiasme indescriptible.

Comme d'habitude, quelques jours après la première représentation, Sophie s'absenta, et le rôle d'« Iphigénie » fut tenu par Mlle Laguerre, qui avait déjà auparavant joué celui d'« Eurydice » avec beaucoup d'éclat. Mais, au mois de mars, à son tour, Mlle Laguerre prétexta une indisposition et l'on donna son rôle à Rosalie Levasseur. « Peste, dit Sophie, pour une débutante, cette jeune personne se donne de grands airs. La voilà déjà malade comme un premier sujet. »

Mlle Laguerre, débutante dans la profession du chant, ne l'était pas dans celle du vice. Si jeune qu'elle fût, elle était déjà complètement dépravée et ses extravagances ne connaissaient pas de bornes. Le duc de Bouillon dépensa pour elle 800.000 francs en trois mois. Pendant

sa maladie, quelqu'un demanda de ses nouvelles à
Sophie : « Pauvre fille, répondit-elle, elle est encore
très mal, elle ne vit que de bouillon. »

*
* *

Sophie se trouva au Théâtre-Français ce soir, mémo-
rable dans les annales de la scène, le 23 février, où l'on
donna pour la première fois *le Barbier de Séville*. Elle
n'avait pas une très grande admiration pour la personne de Beaumarchais mais elle prisait grandement
son talent incontestable. Elle considérait plutôt cet
écrivain comme un heureux fripon pouvant facilement
faire passer son cuivre pour de l'or : « Caron sera pendu,
dit-elle une fois, mais la corde cassera. » Elle apprécia
beaucoup la satire du *Barbier*, dont le genre d'esprit était
si proche parent du sien. Quelqu'un ayant dit devant
elle que la pièce tomberait : « Oui, répliqua-t-elle, quarante fois de suite. »

Le succès du *Barbier* fut bientôt assuré, ce qui fit
désirer aux directeurs de l'Opéra de trouver au plus tôt
une pièce nouvelle dont l'attraction fût suffisante pour
remplir la salle, à peu près vide les soirs où l'on ne
jouait pas *Iphigénie*. Comme dernière ressource, ils
acceptèrent de jouer *Céphale et Procris*, qui fut représenté au mois de mai. On devait cependant avoir
quelque crainte que cette pièce ne fût pas bien accueillie.
En effet, presque tous les nouveaux opéras se jouaient
à Paris seulement quelques jours, et rarement quelques
semaines après leur production à Versailles. Or, il y
avait dix-huit mois d'écoulés depuis la première de

Céphale et Procris devant Louis XV. Le Roi n'avait pu y assister jusqu'à la fin, mais cela n'avait rien de bien singulier, car tout l'ennuyait, et seule la présence d'une actrice remarquablement jolie pouvait le faire rester dans sa loge pendant un acte ou deux, et presque toujours il s'en allait après le troisième.

Procris avait cinq actes, mais les auteurs le réduisirent à quatre pour la scène de Paris. Mais bien qu'ils se fussent mis en quatre, comme le dit Sophie, pour plaire au public, l'opéra tomba dès le premier soir. Les critiques furent très sévères. La faute en était certainement au livret, écrit par Marmontel, qui avait eu la fâcheuse idée d'y introduire un mot latin, *aura*. Quand ce mot d'*aura* fut prononcé, un plaisant de l'orchestre cria : « Ora pro nobis », et la tempête de rires qu'il souleva acheva de perdre la pièce. Sophie Arnould déclara que la musique (par Grétry) en était plus française que les paroles ; comme il arrive toujours en pareille circonstance, compositeur et librettiste se reprochèrent mutuellement d'être la cause de leur mauvaise fortune. *Céphale* fut retiré de la scène après quelques représentations et l'on donna, de nouveau, *Orphée*, én attendant que la nouvelle pièce à l'étude fût prête.

Cette nouvelle pièce n'était pas de nature à attirer le public. Marie-Antoinette avait demandé à Glück de composer un opéra sur un sujet dont elle ferait elle-même le choix, et, comme une telle demande équivalait à un ordre, Glück s'était incliné, se déclarant tout prêt à obéir, bien qu'il eût de sérieux motifs de croire que le sujet ne lui conviendrait pas. Ses craintes étaient fondées : la Reine indiqua *le Siège de Cythère*, un opéra-ballet plus que frivole, en trois actes, par Favart. On ne pouvait plus mal choisir. Le génie de Glück était majestueux et sombre, le talent de Favart léger et badin. C'était atteler à un chariot d'enfant un cheval de bataille. Le dernier des mélomanes, habitués de l'Opéra, aurait déclaré de suite qu'une telle collaboration ne pouvait produire qu'une œuvre détestable et sans la moindre chance de succès.

Enfin le nouvel opéra fut écrit et représenté pour la première fois le 1er août 1775. Le rideau levé, on vit des choristes vêtus en abbés envahir la scène, quelques-uns portant des échelles : « Pourquoi des échelles ? » demanda un spectateur. » — Sophie qui se tenait dans une loge et qui l'entendit lui cria : « C'est pour afficher une nouvelle pièce. » Les abbés placèrent leurs échelles, côté du Roi, le long d'un décor représentant un rempart, et commencèrent à monter. Mais bientôt apparut sur la crête du mur toute une troupe de jeunes femmes qui repoussèrent ces ennemis en leur jetant des fleurs [1]. On le voit, un sujet aussi banalement futile ne pouvait être écrit pour la scène que par un Favart ou un abbé de Voisenon, et Boucher ou Fragonard en auraient pu peindre les décors, tandis qu'il fut joué avec l'accompagnement d'une musique plus appropriée à souligner les sanglots de Clytemnestre ou la douleur d'Orphée. « Hercule, dit Sophie Arnould, est plus habitué à tenir la massue qu'un fuseau. » Naturellement, les antiglüc-

---

1. Castil Blaze, *l'Académie Royale*, vol. I, p. 337.

kistes attribuèrent la chute de l'opéra à ce qu'ils appelaient « une musique triste et monotone », tandis que
le parti du musicien soutenait que l'œuvre n'avait pas
eu de succès parce qu'elle avait été mal rendue.
L'excuse était mauvaise, car « jamais aucune pièce
n'avait été préparée, répétée et montée avec plus de
soin. [1] »

Malgré le patronage royal et ce luxe déployé, *Cythère*
disparut bientôt de l'affiche. On donna de nouveaux
« Fragments » qui n'eurent pas un succès bien vif.
Avec des salles à moitié vides, des premiers sujets,
Sophie Arnould et Laguerre, souvent indisponibles,
la position des directeurs n'avait rien d'enviable.
Laguerre venait d'être momentanément enlevée à la
scène par le duc de Bouillon. C'était apparemment une
tradition dans la famille de choisir leurs maîtresses
parmi les filles de l'Opéra. Et le duc fit un jour cette
remarque assez cynique : « On dit que notre race a
dégénéré et que nous ne sommes pas les dignes descen-
dants de Godefroy de Bouillon. C'est une erreur ou une
calomnie. Vous voyez que j'adore Laguerre, mon père
aime Victoire, et mon fils ne rêve que de Bataille. »

Laguerre avait la réputation d'être la femme la plus
extravagante de l'époque, du moins partagea-t-elle cette
distinction avec Mlle Cléophile, une danseuse, maîtresse de l'ambassadeur d'Espagne. Il y en avait du
reste qui les approchaient. L'une d'elles, Mlle Granville,
eut cette aventure de donner à Louis XVI l'occasion de

---

1. *Annales dramatiques*, vol. III, p. 58.

montrer le sentiment assez étrange qu'il avait de la justice. Elle s'était fait souscrire pour 300.000 francs de
billets par un maître des requêtes nommé Joinville.
Avant le terme de l'échéance, celui-ci eut regret de
sa libéralité et eut la malhonnêteté de dénoncer Granville au lieutenant de police comme lui ayant extorqué
ces reconnaissances. Le lieutenant trouva l'affaire trop
importante pour lui, et en référa au duc de la Vrillière.
Or, sous Louis le Bien-Aimé, le duc aurait facilement
arrangé l'affaire. Il se serait enquis de celle des deux
parties qui eût pu verser la somme la plus forte pour
faire enfermer l'autre, et sa décision aurait été conforme
au résultat de l'enquête. L'actrice ou le maître des
requêtes aurait été à la Bastille jusqu'à ce que l'un ou
l'autre aient cru bon de conclure un accord. Mais sous
Louis XVI, les lettres de cachet n'avaient plus cours
sur le marché; il y avait même un ministre qui
poussait l'inconséquence jusqu'à se rendre en personne dans les prisons pour y questionner les prisonniers et faire relâcher ceux contre lesquels aucun grief
n'était relevé!

Le duc refusa donc de juger l'affaire et proposa de
la porter devant le Roi, celui-ci étant la seule personne
capable de rendre une sentence équitable. On soumit
la cause au Roi, et sa décision, tout à fait caractéristique et bien conforme à son caractère, fut la suivante,
qu'un écrivain a déclaré non sans raison être « inique
et stupide » : Joinville doit payer, décida-t-il, les
300.000 francs parce qu'ils ont été « honnêtement
gagnés »; mais comme Mlle Granville est une femme de

mauvaises mœurs, qui a causé la ruine de plusieurs
loyaux sujets du Roi, elle sera incarcérée.

Cette décision fut suivie d'un ordre immédiatement
exécuté, du moins pour la dernière partie, et Mlle Granville fut mise en prison où on lui coupa sa longue et
merveilleuse chevelure.

*
* *

Il est peu probable que Mlle Laguerre reçut ses
appointements pendant son absence du théâtre, et,
vraiment, si elle en avait agi avec un bourgeois
comme elle le fit avec un duc, il est probable qu'elle
aurait fait connaissance avec les geôliers, comme sa
pauvre compagne. Sophie, elle, réclama son salaire
sous le prétexte que son absence n'avait d'autre cause
que la maladie. Les directeurs avaient fait cette offre
de lui donner une somme fixe pour chaque représentation, mais elle s'était refusée avec indignation à un tel
arrangement. D'après une lettre écrite à son notaire et
qui nous a été conservée, il paraît bien qu'elle était, à
cette époque, réellement malade. Cette lettre est datée
du 3 juillet 1775 ; elle nous offre le premier symptôme
de ces terribles embarras d'argent dont elle ne devait
plus jamais se délivrer :

« Bonjour donc, mon bon ami. J'arrive à l'instant de
la campagne où je m'étais mise au vert pour un mois,
après avoir été deux mois au lait ; tout cela a rétabli
la santé de votre digne Sophie. A présent je suis tout
à fait bien et je pense mettre ordre à mes affaires, aux-

quelles vous prenez, vous aussi, tant d'intérêt; si ce
n'est pas trop abuser de votre obligeance, je vous
demanderais de me donner un compte fidèle de l'état
de mes affaires.

« Venez me voir, mon bon ami, venez, que je vous
embrasse de tout cœur sur les deux yeux, sans rire.

« SOPHIE. »

Vers la fin du mois d'octobre, les directeurs propo-
sèrent de monter *Adèle de Ponthieu*. Bachaumont
suggéra à cette occasion que Sophie était trop âgée pour
tenir le rôle, et que l'expression de son visage et sa
voix affaiblie ne feraient pas oublier au public la perte
de Mlle Laguerre, dont le joli visage et la voix claire
étaient encore dans la mémoire des habitués de l'Opéra.
Les admirateurs de celle-ci, ajoutait-il, pourraient, tout
au moins, se consoler en pensant que, grâce au duc de
Bouillon, l'actrice jouissait d'un revenu considérable et se
retirerait probablement. Quelle satisfaction ces admirateurs pouvaient-ils bien trouver en de telles réflexions,
c'est ce que l'on ne voit pas très bien, à moins que
leur admiration n'eût été bien désintéressée. Si nous
pouvions jeter un coup d'œil sur le livre de caisse ou le
journal de Bachaumont, nous aurions sans doute la
clef de ces paragraphes énigmatiques.

Trois jours plus tard, il parle des représentations de
« *Fragments* », données pendant qu'on préparait la reprise
d'*Adèle de Ponthieu*. Il dit qu'il croit bien que lorsque
l'on donnera *Adèle*, Sophie sera payée au cachet, arrange-

ment qu'elle avait refusé. Il y avait, dans les « *Fragments* », quatre actes séparés. Sophie apparut dans l'un d'eux où elle n'eut qu'un succès assez mince ; les honneurs de la soirée furent pour Le Gros. Une malheureuse actrice, Mlle Chateauneuf, fut huée et sifflée à un tel point qu'elle en tomba malade, mais fut néanmoins forcée de jouer son rôle jusqu'au bout. Elle attribua sa disgrâce à Rosalie Levasseur qu'elle accusa d'avoir formé une cabale contre elle. Elles se prirent donc de querelle et en vinrent même aux coups, s'invectivant grossièrement l'une l'autre sur la scène, à la grande joie des jeunes seigneurs présents dans les loges. Mais à la longue leur dispute prit fin, quand Sophie Arnould fut payée cinq louis par soirée, ce qui les mit d'accord pour protester ensemble, jugeant qu'on lui donnait là beaucoup plus qu'elle ne le méritait : « Payer une telle somme, disaient-elles, c'était récompenser une paresse qui devait plutôt être punie. » Les amateurs, écrit Bachaumont, sont très inquiets et se demandent comment tout cela finira.

Ces amateurs, si souvent cités dans les pages de ce chroniqueur, paraissent avoir été des gens bien curieux. Ils pouvaient se consoler de la disparition de Mlle Laguerre en pensant que leur actrice favorite dépensait 800.000 francs en trois mois, mais ils auraient sévèrement réprimé une conduite qui manifestait de l'irrespect pour eux ou la famille royale.

Dans les premiers jours de décembre, *Adèle de Ponthieu* fut représentée ; Sophie fit dans cette pièce une impression assez vive, mais par suite d'une circonstance

bien imprévue. Le jeune duc d'Artois était présent dans
la loge qu'il avait su se faire donner de gré ou de force
par la Ville, et qu'il avait si bien aménagée, par un
système de tentures et de rideaux, qu'il pouvait s'y
dérober à tous les regards. Bien que très jeune et
venant à peine de se marier, il avait la réputation d'un
grand viveur. Il est fort probable que, du fond de sa loge,
il se livrait à une mimique passionnée, faisant des signes
à l'actrice qui lui répondait par de petits saluts et par
des sourires, « exactement comme elle l'eût fait pour un
camarade ou pour un amant, » écrit Bachaumont, scandalisé. Le public fut indigné de cette familiarité, et
témoigna son mécontentement d'une manière qui l'humi-
lia grandement.

CHAPITRE X

Sophie Arnould dut souvent pressentir, même avant 1776, que sa carrière scénique touchait à sa fin. Ses craintes à ce sujet furent pleinement confirmées quand, au mois d'avril 1776, l'opéra de Glück, *Alceste*, fut représenté pour la première fois, avec Mlle Rosalie Levasseur dans le rôle principal.

Le coup était d'autant plus pénible que Sophie avait droit à ce rôle à plusieurs titres : non seulement elle était sans contredit l'actrice la meilleure, mais encore la doyenne parmi les premiers sujets. Ces titres lui donnaient donc droit de choisir elle-même et de jouer un rôle dans toute pièce nouvelle. Toutefois, le directeur ou le compositeur pouvaient à leur gré ne tenir aucun compte de cette tradition, et c'est ce qui fut fait.

Glück n'avait peut-être pas oublié son aventure avec le prince d'Hénin, et bien que ce dernier ne fût plus depuis longtemps le protecteur de Sophie, le musicien eut-il quelque part dans ce mauvais tour. D'ailleurs, il avait pour cela de plus puissants motifs. Il était sujet autrichien, et l'ambassadeur d'Autriche était alors le comte Mercy-Argenteau, qui avait pour maîtresse Rosalie Levasseur. Sous le règne de Louis le Bien-Aimé, la maîtresse d'un ambassadeur faisait partie de la suite de ce personnage au même titre qu'un secrétaire. Peut-être jugeait-on alors qu'un certain lustre s'ajoutait à la majesté du Roi, de l'Empereur ou de l'Impératrice par le fait même que son représentant était l'amant en titre d'une chanteuse ou d'une danseuse célèbre. Une telle liaison, d'ailleurs, ne pouvait qu'exciter un ambassadeur à se livrer à ces folles dépenses faites, paraît-il, pour rehausser le prestige du Roi qu'il servait. S'il avait distribué de larges sommes aux pauvres, fait de riches présents ou donné des fêtes splendides aux seigneurs de la Cour, on eût pu le soupçonner de vouloir corrompre l'une ou l'autre classe, mais une maîtresse à la mode pouvait non seulement dépenser des sommes énormes, mais aussi dire partout qu'elle les dépensait et où elle se les procurait.

Louis XVI eût préféré sans doute que les ambassadeurs ne fussent point cause de bruyants scandales, mais la coutume n'en subsista pas moins jusqu'à la Révolution.

Le comte Mercy-Argenteau n'était pas homme à manquer à une coutume de cette sorte.

Pendant les trois ou quatre dernières années de la vie du défunt Roi, il s'était assidûment employé à persuader à l'orgueilleuse et hautaine Marie-Antoinette de montrer quelque considération pour Mme Du Barry. Il avait à pallier auprès de son impériale maîtresse la conduite blessante de la Princesse et s'efforçait d'amener celle-ci à être moins intraitable à l'avenir. Près de la favorite, il plaidait aussi pour qu'elle s'accommodât de toutes les rebuffades, tandis que lui-même s'efforçait de cacher au Roi les insultes dont Mme Du Barry était l'objet. Ce fut pour lui un moment bien difficile. Si Mme Du Barry avait été exigeante et impérieuse, sa position aurait été tout simplement intenable, mais heureusement pour elle, elle était d'un caractère singulièrement facile et d'une grande douceur.

Peut-être qu'ayant dépensé tant de temps et d'éloquence auprès de Marie-Antoinette pour lui faire admettre que prendre une maîtresse était digne d'éloges, se crut-il obligé d'obéir à ses principes ou bien fut-il amené à cette résolution par les raisons que nous donnions tout à l'heure ; cependant son âge avancé, les soucis constants que lui avait donnés pendant des années une femme de mauvaise vie auraient dû lui faire éviter la société de ces créatures le reste de ses jours.

En tout cas, que ce soit pour des motifs d'ordre privé ou politique, il devint le protecteur reconnu de Rosalie Levasseur. Celle-ci dépensa très royalement les revenus qu'il lui servait, mais ne lui épargna ni taquineries, ni méchantes humeurs. Elle insista pour que Glück devint son maître de chant, et le vieux musicien fut installé chez elle.

Tout le monde était alors plus ou moins disposé à la flagornerie des grands, et Glück n'était certainement pas à l'abri de ce travers. Il pensa qu'il ne pouvait mieux témoigner de son dévouement pour sa patrie qu'en accé-

dant aux désirs de son ambassadeur. Rosalie Levasseur sut en profiter et insista pour que Glück
logeât dans sa maison et pût ainsi lui donner plus
facilement des leçons de chant. Elle se promettait ainsi de l'engager à lui apprendre la musique
d'*Alceste*, et lui suggéra assez ouvertement de lui
en confier le rôle principal. Elle fit remarquer que
sa voix avait plus de fraîcheur et de puissance que
celle de Sophie Arnould — ce qui était indéniable — et
que si la force dramatique de cette actrice lui manquait,
elle jouerait du moins le rôle tel que le voulait le compositeur, tandis que Sophie, très probablement, insiste-
rait pour ne suivre que son inspiration personnelle.

Ces arguments triomphèrent, et on lui promit le rôle.
Sophie fut peut-être désappointée, mais ne fut pas surprise. Elle savait que Glück vivait chez sa rivale, qu'il
n'y avait pas été logé pour ses beaux yeux et, comme
tout Paris, était au courant de la liaison de l'actrice avec
le comte Mercy-Argenteau. Les deux femmes n'avaient
rien de commun, sinon les mœurs, et même en cela,
Sophie, toute pleine d'affection, différait de Rosalie, tout
à fait sans cœur et cupide.

Il n'y eut guère de circonstances où elles s'accordèrent, sinon dans la suivante. Depuis la mort de
Rebel, le directeur de l'Opéra, ce théâtre était dans une
très mauvaise voie, au point de vue des affaires :
M. Malesherbes, le Ministre, qui avait à pourvoir au
remplacement de ce directeur, était fort préoccupé de
choses d'une bien plus grande importance, et répugnait à exercer un contrôle sur une institution qui ne

donnait que peu de profits et beaucoup de tracas. Pour
des raisons presque identiques, jointes à ce fait qu'à
tous les spectacles intéressants, les jeunes membres
de la famille royale prenaient gratuitement toutes les
meilleures loges, la Ville de Paris refusait de prendre à
sa charge la direction de l'Académie Royale de Musique.
Tout ceci eut pour résultat d'ouvrir le champ à toutes
les compétitions. Il y eut des offres de toutes sortes
d'individus ou de syndicats, l'un de ces derniers avait
à sa tête le chevalier de Saint-Georges.

Le chevalier a laissé dans l'histoire une légère trace
de son nom, principalement par ce fait qu'on en fit le
héros d'un roman justement célèbre. Il avait alors trente
ans, et était très renommé pour sa force en escrime et
dans tous les exercices du corps. C'était aussi un musicien amateur, très répandu dans la société ; mais né à
la Guadeloupe, il était quelque peu mulâtre. Le syndicat
ou l'association dont il était la tête comptait plusieurs
personnages influents et l'on pensait généralement que
le chevalier serait nommé directeur de l'Opéra.

Là-dessus, les actrices rédigèrent une pétition et l'envoyèrent à la Reine. Cette pétition était signée par Sophie
Arnould, Rosalie Levasseur, Mlle Guimard et autres.
Elle disait que ces respectables dames se trouveraient
« blessées dans leur honneur et leur délicatesse si on les
obligeait à servir sous les ordres d'un mulâtre ». La
Reine, qui sans doute connaissait leur réputation, dut
penser que, parmi tous les arguments donnés, elles
auraient pu laisser de côté l'honneur. Toutefois, le chevalier fut évincé.

La difficulté fut tranchée par le Roi. Il annonça qu'il nommerait un directeur à traitement fixe, et que si le budget en fin d'année se soldait par un déficit, il y pourvoierait sur sa cassette privée, mais que si au contraire il y avait excédent de recettes, cet excédent serait partagé entre les artistes qui auraient eu le plus de succès pendant l'année.

La pauvre Sophie dut voir que sa carrière dramatique touchait à sa fin quand Rosalie Levasseur fut choisie pour remplir le rôle d'«Alceste». Elle se contenta de faire cette remarque, quand elle la vit applaudie et fêtée dans cette pièce : « Ce n'est pas étonnant, elle a la voix du peuple. »

Le mot n'était pas trop blessant, il suffit pour exciter la colère de Rosalie. Elle savait fort bien qu'elle ne pouvait lutter d'esprit avec Sophie, aussi fit-elle écrire par un de ses admirateurs un odieux libelle dont une copie fut adressée à l'actrice. On en distribua au foyer ; les amis de Mlle Arnould en reçurent. Il est impossible de rêver production plus inepte et plus grossière. Sophie en fut peut-être blessée, mais elle mit les rieurs de son côté en envoyant cet écrit sordide aux journaux. Ceux-ci le publièrent, et ce fut pour tout le monde un sujet de dégoût, même pour Bachaumont et Pidansat de Mairobert. Sophie se fit quelques amis de plus, et sa rivale des ennemis.

Alceste fut donné le 23 avril 1776. La pièce fut bien

reçue, mais n'eut pas le succès d'*Iphigénie* ou d'*Orphée*, du moins auprès du public en général. Les Glückistes déclarèrent que des gens sans aucun esprit et tout à fait stupides pouvaient seuls ne pas reconnaître dans cet opéra l'œuvre la plus grandiose du plus grand compositeur de tous les temps. Le Bailli du Rollet écrivit que « la musique était la plus passionnée, la plus énergique et la plus théâtrale que l'on ait pu entendre depuis que l'art musical avait été créé ». Mais sa critique était intéressée sans doute : il était l'auteur du livret.

Rosalie Levasseur joua avec intelligence, mais son visage et toute sa personne n'étaient pas faits pour les rôles tragiques, et l'opinion générale fut que Sophie Arnould aurait joué le rôle avec beaucoup plus d'art, mais n'eût pas aussi bien chanté.

En dépit de toutes les opinions contradictoires qui se manifestèrent à son sujet, *Alceste* eut assez de succès pour tenir l'affiche pendant plusieurs mois avec d'autres pièces représentées par intermittence. On donna de temps à autre *Adèle de Ponthieu* ; Sophie y chanta plusieurs fois.

Rosalie ne tint pas longtemps le rôle d'« Alceste ». Trois semaines après la première, ce rôle fut donné à Mlle Laguerre. Bachaumont pense que la « rage de Mlle Arnould dut redoubler », mais cela est douteux. Elle avait pour cela trop d'orgueil et ne pouvait que dédaigner désormais un rôle joué par une actrice qu'elle regardait comme son inférieure.

Mlle Laguerre eut beaucoup d'admirateurs. Elle avait ce mérite ajouté à ses talents d'être remarquablement

jolie. Son origine était des plus humbles. On prétendait
que son père et sa mère étaient marchands des rues : le
premier vendant des chansons, la seconde du « plaisir
des dames ». Ce dernier détail donna du reste à Sophie
l'occasion de lancer un de ses mots les plus malicieux.

Les anti-Glückistes voulaient voir dans Sophie un de
leurs champions. Ils semblaient ignorer les raisons pour
lesquelles on l'avait mise à l'écart et faisaient profession
de croire qu'elle se refusait à jouer dans un opéra étranger, oubliant qu'elle avait déjà remporté des succès dans
les œuvres du compositeur allemand. Ce parti pris assez
mal avisé eut pour résultat d'indisposer contre Sophie
le puissant parti des Glückistes.

Aux soirées où l'on jouait ces opéras qui alternaient
avec *Alceste*, les amis de Sophie venaient l'y applaudir
de tout leur cœur. Mais elle n'était plus en voix que
rarement, et les Glückistes en accusaient son âge. Un
des rares critiques qui lui montraient encore de l'amitié,
Lefuel de Méricourt, prit sa défense et écrivit cette note
aimable dans son journal, *le Nouveau Spectateur*, une
feuille théâtrale de l'époque : « Nous ignorons l'âge et
le lieu de la naissance de cette actrice (Sophie Arnould)
qui a longtemps fait et fait encore les délices de
l'Opéra, où elle joue les rôles tendres avec le plus grand
succès; bien des gens l'ont accusée d'être méchante,
mais des personnes dignes de foi et qui la connaissent
nous ont assuré qu'elle avait le cœur bon, l'esprit un
peu satirique, et la tête bien organisée. Elle est presque
la Ninon de notre siècle. Elle rassemble souvent autour
d'elle des gens de tous états, de toutes conditions, mais

toujours des gens d'esprit; bien éloignée en cela de
ses camarades, qui ne savent pas distinguer le brut
d'avec le poli. »

Le compliment manquait peut-être un peu d'habileté,
mais les flatteries de ce genre devenaient rares, et Sophie
l'apprécia. La lettre que voici fut sa réponse :

« Je ne puis que vous remercier, Monsieur, des choses
obligeantes que vous avez mises dans votre journal,
tant sur mes faibles talents que sur mon personnel. Je
m'estimerais trop heureuse si le public me jugeait avec
la même indulgence, et s'il rendait justice aux efforts
que j'ai toujours faits pour lui plaire et mériter ses bontés.

« Quant à mon âge, vous gardez le silence : auriez-
vous craint de blesser mon amour-propre, en traitant
une matière aussi délicate vis-à-vis de mon sexe? Ne
vous gênez point : ce n'est pas un secret; ce serait tout
au plus celui de la comédie. Sans autres prétentions que
celle d'être plus intéressante dans mes rôles, je désirerais conserver du moins au théâtre l'illusion de la jeunesse que le prestige des planches favorise toujours :
car le public est pour les actrices comme l'Amour pour
les guerriers, il ne fait nul état d'un vieux soldat. Mais,
peut-être par coquetterie, je veux vous mettre moi-même
dans la confidence. Je suis née le 14 février 1744, sur
la paroisse Saint-Germain-l'Auxerrois, dans la même
alcôve où l'amiral de Coligny fut assassiné. Cette anecdote intéressante est la seule illustration de ma naissance
que je puisse citer. On sait que mon début est du mois

de décembre 1757. Qui peut calculer que huit et huit
font seize, saura que seize et seize font trente-deux.

« J'attends avec impatience, Monsieur, votre jugement
sur l'opéra d'*Alceste* qui va occuper et peut-être diviser
tout Paris. Les détails que vous ferez fixeront l'opinion
que j'en ai formée aux seules répétitions. Si les succès
que j'ai pu avoir dans *Iphigénie* ont dû me donner de
la prévention pour les auteurs, leur peu d'égards, et
j'ose même dire leurs mauvais procédés, ont dû aussi
changer mes dispositions pour eux : mais je me respecte
trop pour me joindre (comme ces Messieurs veulent le
persuader) aux cabales qui peuvent se former pour ou
contre ce nouvel ouvrage : elles ont toujours été au-
dessous de moi; les unes tiennent à la charlatanerie.
les autres à la bassesse. J'ai borné ma vengeance à ne
pas réclamer mon droit sur le rôle; mais nulle raison
personnelle ne me fera déprimer le génie et ne m'empê-
chera de rendre justice à celui de M. Glück. Il est, je
le dis hautement, le musicien de l'âme : il saisit toutes
les modulations propres à former l'expression des sentiments et des passions, surtout de la douleur.

« Quant à l'auteur des paroles, je laisse au public le
soin de le juger. Si j'étais de l'Académie française, je
pourrais joindre ma critique à celle qu'en pourront faire
les Quarante, mais je ne suis que de l'Académie Royale
de Musique. Je reconnais mon incompétence, et je garde
le *tacet* ; je me permettrai seulement de dire que l'on
ne trouve pas toujours des sujets aussi intéressants
qu'*Iphigénie* et des modèles aussi sublimes que Racine.

« Quant aux acteurs, s'il m'était permis d'en parler,

je ferais l'éloge du jeu de M. Gros dans le rôle d' « Admète », et de la manière de chanter de Mlle Rosalie dans celui d'« Alceste ».

« J'ai l'honneur d'être très parfaitement, Monsieur,
« Votre très humble et très obéissante servante,

« Sophie ARNOULD[1].

« Ce 22 avril 1776. »

L'aimable journaliste prit le parti de Sophie. Quand il revit *Alceste*, il écrivit ou permit du moins à un correspondant anonyme d'écrire : « Il semble que cette musique soit chantée par des malades travaillés d'une demi-pinte d'émétique et qui font pour vomir des efforts inutiles », et de demander « si c'est de ce ton-là qu'on doit pour ainsi dire *dégueuler* la sublime poésie del signor Calzabigi. »

Dans le numéro suivant du même journal, on reproche à Glück d'avoir été « prendre une fille comme Rosalie pour jouer le rôle d'Alceste »... Est-ce qu'il n'y avait pas la demoiselle ***, les trois étoiles ici figurant Sophie Arnould, et quelque temps après on lisait dans la même feuille : « Je le reverrai encore cet opéra (*Alceste*) plus triste que touchant, ne fût-ce que pour me confirmer dans l'opinion que j'ai toujours eue de la supériorité de la demoiselle *** sur une rivale que M. Glück n'a pu lui préférer que par erreur et faute de connaître le goût de la nation, tant en musique qu'en acteur.

---

1. On remarquera que Sophie ne dit pas qu'elle n'a que 32 ans, mais qu'elle le laisse entendre. En réalité, elle se rajeunissait de 4 ans puisqu'elle est née le 14 février 1740 et non 1744.

Il est aussi fait allusion à cette réclamation de Sophie présentée par les soins de son homme d'affaires aux directeurs de l'Opéra, et la forme dans laquelle fut présentée cette requête est si singulière que l'on eût pu croire à une mystification : « Nous apprenons que l'homme d'affaires de la demoiselle Arnould vient de présenter à l'administration de l'Opéra un compte fait, débit et crédit, du rôle d'« Iphigénie », mais que, par contre, se trouvant créancière de tous les rôles qu'elle a joués jusqu'à ce jour, elle a le droit de demander que l'Opéra lui tienne compte de cette balance à son avantage, le tout sauf erreur ou omission.......

Le notaire Alleaume, le malheureux homme d'affaires de Sophie, ne lui avait certainement pas suggéré une pareille fantaisie; la gérance des biens ·de sa cliente lui causait déjà suffisamment d'ennuis. Nous avons déjà cité l'une des lettres que lui adressait Sophie, nous en donnons ici une autre extraite de la liasse découverte par M. Henry Gauthier-Villars et publiée par lui dans la *Nouvelle Revue* (février 1897). Les autres, qui forment une collection des plus intéressantes, seront reproduites au cours de ce récit, mais dans l'ordre des dates. La suivante n'est pas datée, mais paraît avoir été écrite pendant l'hiver 1775-76.

« Vous plairait-il, mon cher Alleaume, nous avancer le mois, c'est-à-dire mon ami me donner cinquante louis; à propos d'argent j'ai couru hier toute la matinée pour vous envoyer tant de Mgr le prince de Conty que de Mgr le prince de Condé; il fait

trop vilain dans ce moment pour courir encore pour
cela, mais demain, je tâcherai de terminer cette besogne
à votre satisfaction. J'ai à vous remettre, mon ami,
d'une part :

« De M. le prince de Conty.............. 4250 fr.
« De M. le prince de Condé............. 3250 »
« Loyer de Mlle Desmarque............. 1250 »

Sophie recevait donc encore des « annuités » d'au
moins deux de ses riches et aristocratiques amants.
Combien cela dura-t-il ? Nous ne le savons pas, mais il
semble bien que la fin de ces libéralités était proche,
peut-être même celles dont elle fait mention furent-
elles les dernières.

De mai à octobre 1776, on ne parle pas de Sophie
Arnould. Boudait-elle toujours la scène où jadis elle
avait régné sans rivale, ou bien faisait-elle encore de
rares apparitions dans les opéras du répertoire, nous ne
pouvons le dire. Ce n'est que le 1er octobre de cette
année qu'elle chante le rôle de « Lyris », dans *Euthyme
et Lyris*, opéra de Boutillier pour les paroles, et de
Desormery pour la musique. « Lyris » fut la dernière
création de Sophie. L'auteur de l'opéra, Desormery, un
musicien très médiocre, avait déjà donné trois ou
quatre de ces ouvrages, qui, tous, étaient tombés dès les
premières soirées. Celui-ci pourtant eut un certain
succès, puisqu'on le joua 26 fois, chiffre de représentations très important pour l'époque. Ce succès ne dut

rien au mérite personnel de l'opéra, ni meilleur ni pire, sans aucun doute, que tous ceux de Desormery. Les partisans de l'école musicale française, dont la vogue diminuait, le regardèrent peut-être comme leur dernière bataille, et le pauvre opéra eut le singulier honneur d'être en quelque sorte le chant du cygne d'un style musical désormais condamné. Sophie d'ailleurs n'était-elle pas la dernière grande artiste de la vieille école? Et l'Opéra tous les soirs se remplit de gens résolus à applaudir et la musique et les chanteurs. Les Glückistes ne manquèrent pas de se joindre à la foule. Ils vinrent au théâtre pour siffler et pour chuter de tout leur cœur.

Sophie traita ces manifestations avec son dédain habituel ; elle sut dissimuler la colère que lui causaient les insultes qui la visaient particulièrement ; mais elle devait bientôt, sans qu'il y eût de sa faute, perdre les rares partisans qu'elle pouvait garder encore.

Iphigénie, l'opéra de Glück dans lequel elle avait obtenu un si grand succès, fut remis à la scène. Elle y chanta, mais elle n'y parut plus la même : sa voix était comme brisée, et les sifflets la couvrirent chaque fois qu'elle commençait un air.

Malheureusement, elle se fit une alliée qui ne pouvait que la desservir auprès du public. La reine Marie-Antoinette ayant entendu parler des affronts qu'endurait l'actrice, voulut venir à son aide. Elle se rendit deux ou trois soirs à l'Opéra et sa présence fit taire les siffleurs. Mais à sa première absence, les manifestations reprirent, d'autant plus hostiles qu'il s'y mêlait un certain dépit au sujet de l'intervention de la Reine.

Malgré les efforts, louables en principe, qui furent faits par certains écrivains pour couronner Marie-Antoinette d'une auréole de sainte et de martyre, il est hors de doute qu'elle fut aussi froide et hautaine que possible. Dès son entrée en France, elle avait pris comme à plaisir le soin d'aller à l'encontre de tous les sentiments et, ce qui est souvent plus grave, des préjugés français : cette conduite devait lui aliéner toutes les sympathies. Sans doute sa jeunesse eut-elle à l'origine beaucoup de part dans cette manière d'agir, mais elle ne s'en départit jamais. Elle ne pouvait du reste pas céder devant cette admiration de la liberté et ce mépris de toute tyrannie qui se faisaient jour en France quelque vingt ans avant la Révolution.

Peut-être faut-il penser que la musique de Glück ne dut son insuccès relatif qu'à cette même intervention royale dont Sophie expérimenta les mauvais effets, beaucoup de gens se souciant moins, quand ils venaient huer *Iphigénie* ou *Alceste*, de combattre la musique du compositeur allemand que de faire opposition à la Cour et en particulier à la Reine.

Marie-Antoinette fut donc le pire soutien qu'eût pu trouver Sophie. Les Glückistes et les anti-Glückistes firent une trêve commune pour s'acharner contre elle avec la plus grande véhémence.

Sophie n'était ni vieille ni laide, et si sa voix avait perdu de sa puissance et de son charme, il y avait quelque cruauté à ne pas se souvenir des services qu'elle avait rendus à l'art musical au cours de ces dix-neuf années pendant lesquelles elle avait été l'idole de tout Paris.

Or, un soir qu'elle jouait dans *Iphigénie* et que, s'adressant à Achille, elle chanta ce vers :

> Vous brûlez que je sois partie.

il y eut dans toute la salle un tonnerre d'applaudissements : les spectateurs le lui appliquaient.

On peut douter de la réalité de ce fait. L'anecdote est de La Harpe, qui l'inséra dans une de ses lettres sur les événements dramatiques et littéraires, lettres qu'il adressait chaque mois à un Grand-Duc de Russie. C'était un censeur fort désagréable, et il n'y avait que bien peu de pièces, de livres ou de personnes pour lesquelles il eût un mot aimable. Il souffrait d'une maladie de la peau, psoriasis ou eczéma, ce qui sans doute contribuait à aigrir son humeur. Beaucoup de ses contemporains l'appelaient « le lépreux », et bien certainement il avait gardé le souvenir du mot de Sophie qui, au sujet de ses « drames classiques », avait dit cette cruelle phrase sur son mal : « C'est tout ce qu'il a des anciens. » Ce mot peut suffire à expliquer la rancune qui a pu lui dicter l'anecdote en question.

Comme il semble difficile de croire qu'une femme d'un si grand esprit ait pu continuer de paraître en scène une année encore et même davantage pour y être chaque fois saluée d'applaudissements ironiques, et pour y chanter au milieu des sifflets et des huées, sauf en ces rares soirées où la Reine était présente, il n'est qu'une explication possible, au cas où elle eût persévéré, c'est qu'elle endurait patiemment tous les affronts pour les cinq louis qu'elle recevait à chaque représentation. Or, en admettant cette hypothèse, on peut se demander si les directeurs continuaient de payer cette somme, que ses rivales trouvaient excessive, à une actrice incapable désormais d'attirer les spectateurs?

D'ailleurs, bien que ses embarras financiers fussent assez grands, elle n'en était pas encore à de telles extrémités que ses appointements lui fussent indispensables. Elle avait encore une maison et un notaire qui lui versait 50 louis par mois sur ses rentes et autres sommes qu'elle était censée lui remettre, détail qu'elle oubliait parfois.

Quelques-unes des lettres récemment découvertes par M. Henry Gauthier-Villars se rapportent à cette période et montrent que Sophie commençait à souffrir de cette éternelle plaie d'argent qui fut la sienne jusqu'à sa mort. Elle s'arrangeait avec certains créanciers et envoyait les autres au malheureux notaire Alleaume. Une nuance caractéristique à relever dans la lettre que nous allons citer : tous les créanciers qui acceptent des accommodements, moitié de leur créance ou simple acompte, sont appelés « Monsieur », et « Sieur » ceux qui réclament le tout.

« Bonjour bon petit Alleaume, comment va la santé? Pourquoi êtes-vous donc si longtemps sans me venir voir, c'est bien vilain ça ; vous devez être bien sûr que je n'ai point encore reçu les mille écus dont je vous ai parlé puisque je n'ai point été vous les porter, car je suis homme d'honneur et je vous les eus portés ou envoyés si je les eusse reçus. L'on m'a remis à mardi parce que c'est une lettre de change qui a ses dix jours de cours et qui ne doit être payée que ce jour. Vraiment vous devez être fâchée contre moi de vous avoir déjà adressé des créanciers sans vous avoir donné de quoi les satisfaire; il y a un certain sellier de par le monde, par exemple, nommé M. Fromond auquel je dois sept cent cinquante livres que je devais lui payer comptant, et qui veut bien se contenter de la moitié de sa créance, il y a le sieur Billionard vitrier auquel il faudra 200 francs pour solder son ancien compte, il y a M. Fropier, marchand de vin, auquel il faut six cents livres absolument parce que je lui en dois quatre fois autant à peu près; j'ai un tailleur de mes gens qui travaille perpétuellement auquel il faut encore un acompte raisonnable; j'ai une madame marchande de bois auquel je redois six cent vingt livres de l'hiver passé sans préjudice de la fourniture de l'année, j'ai un boucher, etc., etc., quand je pense à tout cela, j'en tremble d'avance. Ma foi mon ami si entre vous et Morin qui veut bien me prêter quelques sols vous n'avez pitié de moi, il me faudra aller mourir à l'hôpital, je n'ai pourtant pas une grande estime pour le Château; enfin mon ami tout ce que je puis vous promettre c'est de ne point faire de folles dépenses, et de vous envoyer tout l'argent que j'aurai. En vérité je ne puis pas mieux vous dire. Mais ce qu'il y a de plus beau, c'est que je vous jure de tenir mes promesses bien solennellement; adieu mon bon Alleaume, je vous souhaite une bonne santé. J'ai vu hier M. B. le

procureur qui m'a dit que j'aurais bientôt un compliment
à te faire, qu'il arrive donc, et je te le ferai de bien bon
cœur, car je t'aime trop pour ne pas prendre la part la
plus vive et l'intérêt le plus tendre à tout ce qui peut
t'arriver d'heureux, tu n'auras jamais d'amie plus sincère
que ton affectionnée. »

L'épître est datée du 11 octobre 1776.

Peut-être le notaire fut-il touché de ces marques d'affection, de ce « tu » tout intime et tendre qui surgit à la
fin comme une caresse, puisqu'il paya les billets. Il faut
espérer qu'il reçut le mardi suivant les mille écus.

En novembre c'est un autre petit billet :

« Je pars pour mon ermitage, mon cher Alleaume,
par ordonnance de mon Esculape qui veut que je change
d'air, j'espère que vous viendrez voir votre amie et
qu'elle ne sera pas privée plus longtemps du plaisir de
vous embrasser, car voilà, de bon compte, plus d'un
mois que vous me traitez en pestiférée... »

Quinze jours après, une demande : « Le petit père
Alleaume a emporté le chat et s'est en allé sans mot dire
moyen en quoi son amie Sophie n'a pu non plus avoir
sa petite conférence qu'elle s'était proposé d'avoir ; ainsi
donc il lui faut mettre la main à la plume pour dire
tout çà qui faut à son bon ami, primo qu'elle n'a pas le
sol. Et qu'il serait bien aimable, bien bon, bien obligeant
à lui de faire passer vingt-cinq louis à la Dâronne (*sic*)
du Port à Langlais et puis de vouloir bien écrire 'deux
petits mots à son frère le procureur pour savoir de lui

quand il pourra, quand il voudra, etc., etc., etc., payer
une somme de trois mille six cents livres, qu'il devait
payer suivant ses engagements fin d'octobre... »

Du Port à l'Anglais, 19 novembre 1776.

En décembre, sur le même ton et dans le même but,
autre billet :

« Voici, mon cher bon ami, mille écus que je vous
envoie sur quatre mille deux cents livres que j'ai reçus de
M. de M. pour les six premiers mois de ma rente de la
présente année sur feu Mgr le Prince de Conty.

« J'espère que vous ne trouverez pas mauvais que je
garde les cinquante louis que je ne vous envoie pas...
Le mois où nous allons entrer est bien plus dispendieux
que les autres ; car en maudissant l'usage, il faut bien
s'y soumettre ou passer pour une vilaine. Renvoyez-moi
je vous prie certain gros livre vert que je vous ai porté,
que je voie à relever de dessus la liste de mes créanciers
jusqu'à ce jour. Et je vous en renverrai un état bien
clair et bien net, avec leurs mémoires arrêtés afin que
vous me débarrassiez de cette race maudite aussitôt que
vous le pourrez.

« Je vous renouvelle de bon cœur toutes les promesses
que je vous ai faites d'être plus économe à l'avenir ; je
veux que vous soyez édifié de mon arrangement et de
l'ordre qui régnera chez moi de la cave au grenier...

« Bonjour mon bon, mon excellent ami, mon conserva-
teur, mon Rédempteur, je vous aime de toute mon âme
et je vous embrasse de tout le cœur de votre Sophie.

« Ce jeudi 12 décembre 1776. »

Promesses solennelles, caresses enjouées, rien ne manque à ces lettres qui sont des chefs-d'œuvre de laisser aller spirituel et de naïveté feinte. Alleaume, le bon Alleaume, en était-il ému? Nous ne le savons pas, mais ce qui est certain, c'est que le pauvre homme avait fort à faire pour défendre Sophie contre la meute de ses créanciers, meute toujours croissante et qui devait la poursuivre jusqu'à sa mort.

CHAPITRE XI

Fin d'une carrière. — Une visite de Voltaire. — Le salon de
Sophie. — Mesmer. — Mlle Raucourt. — Le mariage d'Alexan-
drine Arnould. — La maison de Clichy. — Correspondance avec
Belanger. — Dernières luttes. — La maladie de Sophie Arnould.
— Sa mort.

Nous arrivons maintenant au déclin de la carrière de
Sophie Arnould, à ce crépuscule attristé d'une vie brillante qui dura si longtemps pour « la pauvre fée ».
Encore une année ou deux de luttes pour maintenir sa
réputation d'artiste; puis, quand elle sent le néant de
cette lutte, un effort pour garder un rang parmi les
femmes de luxe, et, quand la voix s'est éteinte, que les
amants sont partis, la descente pas à pas de la richesse
à la pauvreté, de la pauvreté à la détresse suprême,
puis à la presque inanition, jusqu'à la chute finale, à la
mort dans l'oubli, à la tombe ignorée du cimetière
Montmartre. L'histoire est lamentable, pas plus
lamentable sans doute que celle de milliers d'autres
créatures, mais la tristesse s'en augmente de songer
que la victime eut tous les talents, tous les charmes, la
beauté, la grâce et l'esprit.

Décrire cette fin d'une glorieuse carrière ne deman-
dera pas de longues pages. Comme si elle avait des-

cendu échelon par échelon du sommet où elle était montée, elle disparaît ainsi pas à pas de la mémoire des hommes ; les gazettes cessent d'être remplies du récit de ses succès ou de ses chutes, et si son esprit est aussi brillant qu'autrefois, personne ne se soucie d'en recueillir les traits.

Si elle avait pu prévoir à quel degré de misère elle serait réduite un jour, peut-être aurait-elle confié au papa Alleaume quelques économies, mais elle n'avait pu changer de conduite, et ne cessa pas ses prodigalités, même quand elle vit que la meilleure source de ses revenus : sa voix, lui faisait défaut. Si même elle avait pu nourrir quelque espoir de recouvrer sa vigueur ancienne et son talent disparu, chacune de ses apparitions sur la scène de l'Opéra aurait suffi pour détruire à ce sujet toute illusion.

En mars 1777, elle chanta encore son ancien rôle d' « Iphigénie », mais elle avait perdu ce pouvoir de tenir sous le charme une salle toute entière, et fut sifflée impitoyablement. La Reine essaya bien de lutter contre l'opinion, en se déclarant pour Sophie, et en l'applaudissant, mais son intervention ne put contenir les mécontents qui continuèrent leurs indécentes manœuvres [1].

Elle gardait cependant encore quelques admirateurs. A la vente Randon de Boisset, un buste de Mlle. Clairon fut exposé, pour lequel Sophie doubla la première

---

1. Bachaumont, 7 mars 1777.

enchère. Personne ne voulut le lui disputer, et un anonyme lui envoya le quatrain suivant :

> Lorsqu'en t'applaudissant, déesse de la scène,
> Tout Paris t'a cédé le buste de Clairon,
> Il a connu les droits d'une sœur d'Apollon
> Sur un portrait de Melpomène.

Cependant, quatre ou cinq jours après l'achat de ce
buste, Sophie écrivait cette lettre quémandeuse à son
notaire.

« Dimanche 24 mars 1777.

« Eh bien donc, petit père Alleaume, voilà que
je ne vous vois plus ; demandez moi pourquoi ! —
pourquoi cette indifférence pour la bonne Sophie ;
çà n'est pas joli du tout de ne pas payer de retour le
pauvre monde quand y vous aime. — Vous m' direz à
cela, « mais c'est que vous ne me voyez jamais, que
vous n'ayiez « quelque chose à me demander... »

« Voyez un peu, tout comme si je ne vous deman-
dais pas sans vous voir ; tenez, par exemple : *Vous plairait-il de m'avancer le mois*, car je suis sans le sol.

« Petit papa Alleaume sera-t-il inflexible pour
quatre jours à la demande de Sophie ? »

Peut-être reçut-elle les cinquante louis que papa
Alleaume lui versait chaque mois, et cela est probable
puisqu'elle paraît avoir laissé en paix son notaire pendant les six semaines qui suivirent, à moins qu'une ou
deux de ces lettres où la quémandeuse se fait si câline
aient été perdues. Au mois de mai, nouveau cri de

détresse, une longue lettre où l'actrice s'efforce, sans
grand succès, de dissimuler ses angoisses sous une
apparence de badinage. Elle y déploie toutes ses ruses
et démasque toutes ses batteries dans l'espoir d'atten-
drir le notaire qui fait de plus en plus la sourde oreille.

« Ce mardi 14 mai 1777.

« Vous me grondez à tort, mon cher Alleaume, car
personne ne donne plus de temps et de soins à ses
affaires que moi; depuis les conseils que vous m'avez
donnés; et depuis surtout que j'ai réfléchi combien il
était cruel d'importuner ses amis et d'essuyer leurs
reproches justes ou injustes. Vous, par exemple, mon
cher Alleaume, me rendez affreuse cette situation
parce que vous me condamnez injustement. J'ai passé
deux fois à votre porte, et vos messieurs peuvent vous
le dire, car l'un d'eux s'est donné la peine de venir me
parler à la portière de ma voiture; j'allais mon ami,
primo vous voir parce qu'avant tout j'aime en vous
mon ami, secundo, j'allais vous rendre compte du pourquoi vous ne receviez ni le loyer ni les cinq cents livres;
et je comptais me l'approprier en avance des derniers
douze cents livres que vous avez refusé inhumainement
de me payer à la veille surtout d'un moment où cela me
devenait essentiel : Oh c'est mal, etc. ; vous voyez
donc bien, mon cher monsieur, d'après ces détails, que
c'est bien injustement que vous me tarabustez et que
vous me grondez; au fait c'est moi qui vais gronder à
mon tour parce que vous ne m'avez point envoyé d'argent à la fin du mois comme vous en étiez convenu et

qu'il me faut mourir de faim et me casser la tête pour savoir comment faire quelque chose avec rien..... j'ai fait un état de créances et dettes, qui est l'ouvrage des Romains et Sully cet homme inimitable n'eut pas mieux fait, mieux mis au net l'état de la France. Vous me donnez cinquante louis par mois pour mes dépenses domestiques et entretiens. Bon, c'est excellent lorsque vous me donnez cette somme en argent, mais lorsque vous me laissez une chose à recevoir qui n'est point payée comme les 1.000 francs du Roi, que voulez-vous que je fasse avec les deux cents francs que vous me donnez enfin, il faut donc que je gratte la terre le reste du mois? Je me soulage à la vérité en vous escamotant pour vivre une recette qui doit vous aider à payer autre chose. Oh! j'ai tort, mais vous vous vengez en ne payant plus le mois suivant, eh bien..... voyons..... qui a raison de nous deux..... vous, oui mon ami, vous avez raison. Et j'ai tort de vous donner toute la peine que vous voulez bien vous donner aussi vous-même pour remettre mes finances en ordre, je vous jure bien, quoi que vous soyiez fort incrédule sur l'arrangement de ma cervelle, que lorsque vous serez parvenu à rendre mon petit bien quitte et net, je vous promets foi d'animal que je regarderai bien à deux fois pour faire la plus légère dépense; il n'est pas en moi de devenir avare, je trouve ce vice trop vilain, j'aime mieux me donner le ridicule d'être devenue raisonnable, et le devenir en effet.

« Oh! çà, voilà une bien longue lettre au moins pour une tête comme la mienne; cela vous prouve mon

ami que vous savez tout rendre agréable, et que
l'amitié qui est une douce chose sait tout embellir jusqu'aux choses les moins agréables, telles que les affaires
et les miennes par dessus tout ; encore si vous me char-
giez aussi des vôtres, à la bonne heure... Mais !... je vous
vois rire de cette phrase ; et vous dire à vous-même :
par dieu cette tête là m'enverrait bientôt à l'hôpital,
non ce n'est pas là où je voudrais vous voir pourtant
mais un peu plus loin, au Port-à-Langlois, dans la
chaumière de votre Sophie qui doit s'y établir samedi
prochain.

« Bonjour mon ami, venez m'y voir et laissez moi
vous embrasser comme je vous aime. »

Mais toutes ces belles promesses ne tiennent pas,
surtout, détail qui dit bien ce que valait le cœur de
cette folle exquise, devant la misère des autres, et
quelques jours après, le notaire reçoit une autre mis-
sive :

« Du Port-à-Langlois, ce mardi 28 mai 1777.

« Voici, mon cher Alleaume, deux billets que je vous
envoie l'un de trois cents livres et l'autre de neuf
cents ; vous me direz peut-être que j'aurais pu mieux
placer mes fonds, mais enfin j'ai été assez heureuse
pour obliger deux braves gens qui étaient dans l'embarras, ne suis-je déjà pas assez payée ? D'ailleurs
j'espère que je ne serai point dans le cas de regretter ce
procédé. Vous l'ignoreriez même, mon ami, si je ne
m'étais proposé la loi de ne vous rien cacher de mes
petites affaires, et si je ne voulais vous convaincre que

je ne fais nulle dépense en sus de l'argent que vous
êtes convenu de me donner toutes les fins de mois et
dont même j'espère bien que vous me gratifierez le
trente de celui-ci...

« Il serait question d'avoir dans les premiers jours
du mois prochain une caution pour une rente viagère
de douze cents livres en principal nécessaire, pour lesquels j'offre hypothèque, caution, etc., sur ma maison
du Port-à-Langlois jusqu'à ce que M. Belanger puisse
terminer d'autres engagements qui ne pourront avoir
lieu qu'au retour de M. le prince d'Hénin, et même à la
fin de son quartier parce que cela le regarde personnellement, j'espère, mon cher Alleaume, que vous m'aide-
rez vous même de tout votre pouvoir à obliger mon
ami et que vous ne désapprouverez pas ce que je veux
faire pour notre premier architecte parce que c'est une
bonne et honnête créature. Et d'ailleurs il faut que vous
sachiez que nos vendeurs ne sont guère traitables et que
ce n'est qu'à force d'argent que l'on a pu en venir au
bout ; encore n'entreñt-ils dans aucun arrangement
honnête, ils ne connaissent que des écus, des écus et
voilà tout. »

Une lettre non datée, qui fut peut-être écrite vers la
fin de cette année, mais que M. Henry Gauthier-Villars
croit être de la même époque que les deux ci-dessus,
montre que Sophie était toujours aussi imprévoyante,
malgré toutes ses protestations auxquelles son notaire probablement attachait fort peu d'importance. Cette lettre
est un curieux exemple de son style nerveux et agité.

« Eh ! bonjour donc, mon bon ami, il y a un siècle
que je ne vous ai ni vu, ni embrassé, quand voulez-
vous donc passer une matinée avec moi. Savez-vous
que j'ai acquis une bonne dose de raison depuis le
commencement de cette année ; savez-vous que je vous
tiens parole et que je ne fais presque plus de sottises
pécuniaires, vous verrez que vous serez bien content de
la bonne Sophie ; à propos d'affaires avez-vous reçu des
nouvelles des trois mille six cents livres que mon frère
le procureur devait me rembourser au mois d'octobre
dernier ; il me semble que ce monsieur là ne se dépêche
pas trop vite.

« Si vous saviez combien j'ai acquitté de petites
dettes vous verriez combien vous serez content de votre
Sophie ; je ne suis pas encore dans mon gîte, mais
aussitôt que je serai grimpée, je veux que vous me
donniez un rendez-vous pour parler à notre aise de
tout cela ; si vous vouliez en attendant venir manger
ce soir d'une dinde aux truffes plus grosse et plus
dinde mille fois que moi, vous seriez le bienvenu.

« Messieurs mes chers fils demandent chacun douze
francs pour leurs étrennes, voyez, mon ami, si vous
jugez à propos de les leur faire tenir en payant les
pensions, etc., etc., etc. »

Le dix-sept juin elle lui envoie une petite note où
elle se plaint d'avoir à payer cent quatre-vingt-seize
livres de capitation.

Toutes ses promesses de s'amender ne faisaient plus
d'impression sur le notaire. Il demeurait sourd à tous

ses appels, fermant sa caisse et refusant de voir Sophie, sans doute parce qu'elle n'avait tenu aucun compte de leurs arrangements mutuels, et que non contente de sa rente mensuelle elle s'était approprié la plus grande partie de l'argent qu'elle avait reçu pendant le mois de juillet, au lieu de le lui remettre.

Et ainsi les mois s'écoulent, chacun ajoutant à sa détresse. Les portes de l'Académie royale de musique lui étaient désormais presque fermées. Son nom ne figure plus en tête de la liste des artistes. Ce n'est plus maintenant qu'une chanteuse de « rôles ordinaires », de rôles qu'elle n'avait jamais eu l'occasion de jouer, ou qu'autrefois elle avait refusés. — Du moins, occupait-elle encore un certain rang dans la société où elle continuait à briller par son esprit.

Le marquis de Villette, qui venait, au mois de février 1778, d'épouser la fille adoptive de Voltaire, présenta sa femme à Sophie, lui demandant ce qu'elle en pensait.

L'actrice lui répondit : « C'est une très jolie édition de la Pucelle. »

Voltaire avait eu l'occasion de lui rendre visite. Il se regardait un peu comme une sorte d'Empereur des lettres et lui avait fait annoncer le jour et l'heure de son arrivée.

Sophie, très experte et d'un grand tact en toutes choses, excepté en affaires, savait quel genre de réception séduirait le vieillard. Elle réunit toute une bande joyeuse d'enfants de ses proches, conduite par sa fille qui avait alors onze ans, et quand Voltaire entra dans l'appartement, ils sautèrent tous autour de lui pour l'embrasser. Le philosophe fut grandement charmé : « Vous voulez m'embrasser, leur dit-il en riant, et je n'ai plus de visage. »

Il causa longuement avec Sophie et c'est grand dommage qu'il n'y eût là personne pour noter cette conversation. Étant donnés les deux partenaires, ce dut être un régal d'esprit. Mais une seule bribe de cet étincelant colloque nous est parvenue :

« Ah ! Mademoiselle, dit le vieux poète, j'ai quatre-vingt-quatre ans et j'ai fait quatre-vingt-quatre sottises. »

« Belle bagatelle ! lui répondit l'actrice avec une candeur charmante, moi qui n'en ai pas quarante, j'en ai fait plus de mille. »

Des personnages moins célèbres se rencontraient aussi dans les salons de Sophie Arnould, qui se posait maintenant en moderne Aspasie depuis qu'elle avait quitté la scène. Jean-Jacques lui-même s'asseyait parfois à sa table, et d'Alembert, Duclos, Diderot, Beaumarchais, Favart, Dorat (sec, froid et joli comme une colonne de marbre, disait Sophie), Marmontel, Bernard et toute une foule de visiteurs moins importants. Le Prince de Ligne, toujours en quête d'anecdotes et de traits spirituels, y venait quelquefois. Les hommes d'esprit, assure-t-il dans ses *Mélanges*, ne fréquentaient guère les « soupers d'impures », à l'exception de ceux de Sophie Arnould et de Julie, qui depuis épousa Talma.

Sophie n'était point aussi en faveur auprès des demi-mondaines. Ses ressources ne lui permettaient pas de lutter avec elles sur le terrain du luxe et des fêtes extravagantes, et son esprit mordant lui aliénait l'affection de celles qui auraient voulu conserver avec elle d'amicales relations. L'une d'elles, Mlle Dubois, une actrice peu intéressante, qui avait réussi à se faire admettre à la Comédie-Française, s'était rendue fameuse par ses nombreuses affaires d'amour et aussi par son avarice. Elle avait su faire fructifier à un tel point les sommes importantes que ses amants lui avaient données et avait si peu dépensé que lorsqu'elle mourut elle laissa une propriété d'un revenu annuel de 25.000 francs. Elle avait à peu près le même âge que Sophie, peut-être même était-elle un peu son aînée. Et comme elle se plaignait en présence de Sophie : « Que c'était vraiment terrible pour elle de songer qu'elle était si près de la quarantaine. » « Du courage! ma chère, lui répliqua l'autre, console-toi en songeant que chaque jour t'en éloigne. »

Personne n'eût pu faire à Sophie ce reproche d'avarice que méritait Mlle Dubois. Cette même année, Mesmer était à Paris, professant la cure de tous les maux par le magnétisme. Tous ceux qui avaient ou prétendaient avoir quelque maladie venaient se faire soigner par l'ingénieux charlatan qui empochait, de ce fait, de larges sommes.

Soit que Sophie n'ait alors souffert d'aucune indisposition, soit qu'elle ait eu assez de bon sens pour échapper à la contagion de crédulité universelle, toujours est-il qu'elle se refusa énergiquement à voir l'illustre Mesmer, et comme ses amis l'en pressaient avec insistance, elle déclara que s'il guérissait son bichon, malade depuis quelque temps, sa foi lui serait acquise.

Mesmer ne paraît pas s'être offensé de cette proposition. Peut-être désirait-il prouver que son système ne dépendait pas de la crédulité et de l'aveugle foi des patients, comme beaucoup l'affirmaient. En tout cas, Sophie lui envoya le petit chien qu'il lui retourna quelques jours après, paraissant guéri. Mesmer demanda à l'actrice de lui donner un témoignage écrit de cette cure miraculeuse, ce qui fut fait ; le magnétiseur montra la lettre à tout le monde et même la publia dans les gazettes.

Il triomphait trop vite. Trois ou quatre jours après, le chien mourut, à la grande joie des adversaires du magnétisme : « Je n'ai rien à me reprocher, répondit Sophie à ceux qui lui demandaient pourquoi elle avait accordé son témoignage à cette opération, le pauvre animal est mort en parfaite santé. »

*
* *

Au mois d'août, Sophie Arnould et Mme Larrivée furent invitées à chanter à un concert donné par le Duc de Chartres. La voix manqua plusieurs fois à Sophie qui fut sifflée. Quelques jours après, le Duc et la Duchesse se promenant dans le jardin passèrent sous les fenêtres de l'actrice. Celle-ci les aperçut, ouvrit sa fenêtre, se mit à chanter, et comme sa voix, ce jour-là, fit merveille, elle fut applaudie à tout rompre par ses nobles auditeurs et tout le cercle des curieux qui s'étaient rassemblés.

D'après cette anecdote que rapporte Bachaumont,

Sophie occupait donc encore son appartement au côté
nord du Palais-Royal.

*
* *

On trouve encore quelques notes éparses sur la vie de
Sophie Arnould pendant les années qui précédèrent la
Révolution. Nous pourrions citer de ses lettres au
notaire Alleaume mais elles se ressemblent toutes à peu
de chose près. Toutes sont écrites avec un esprit endia-
blé, mais souvent cette gaîté semble forcée. Les larmes,
on dirait, s'y mêlent au rire et nous pouvons deviner en
la lisant, aussi bien qu'Alleaume ou ses clercs, ce que
chaque lettre apporte avec ses dernières lignes : une
demande pressante d'argent, une avance sur le mois
suivant.

Son esprit est tout entier occupé par le souci de
ses affaires. Il ne lui sert qu'à déguiser sa tristesse, à
chercher à s'étourdir elle-même pour oublier les embarras d'argent que chaque jour lui crée.

Déjà les registres de l'Opéra ne la mentionnent plus
comme pensionnaire. Elle assistait cependant de temps
à autre aux représentations et on la voyait souvent au
foyer. Son esprit la faisait toujours rechercher et chacun
sollicitait son opinion sur ce qui se passait au théâtre. Les
affaires de l'Opéra étaient alors fort embrouillées et de
petites rébellions d'acteurs augmentaient encore fréquemment les ennuis de la direction. Un magistrat, un
certain M. Amelot, proposa des mesures de rigueur et
un règlement plus sévère. Il avait été président du Parlement de Bourgogne et n'avait eu que peu de succès

dans cette place, les Parlements d'alors devenaient difficiles à conduire. Comme il expliquait à plusieurs personnes, devant Sophie, son projet de rétablir l'ordre
dans les affaires de l'Opéra : « Vous devriez comprendre,
lui dit l'actrice, qu'il est plus difficile de conduire une
troupe d'opéra qu'un Parlement. »

*
* *

En 1779, Sophie Arnould réussit à vendre sa maison
du Port-à-l'Anglais pour une somme de 20.000 francs.
Elle comptait sur 30.000. Le notaire Alleaume reçut
avis de la vente par ce billet :

« Enfin mon ami, voici notre maison vendue, je dis
notre parce que l'intérêt que vous voulez bien prendre
à moi, votre amitié pour moi, tout cela nous rend tout
commun ; voyez mon cher Alleaume à faire les arrangements qu'il faudra faire sur cet objet, j'ai laissé cette
maison à vingt mille livres sans les meubles. Et ce qui
m'a fait me décider sont les circonstances, la guerre d'une
part, beaucoup de retranchements dans toutes les fortunes de l'autre, qu'en pensez-vous ? j'aurais bien pu
attendre comme vous dites jusqu'au printemps, peut-
être en aurais-je tiré meilleur parti, mais qui sait ? les
choses à coup sûr, n'en iront pas mieux et peut-être
seront pires, à toutes évènements ma foi ! je me suis dit
comme les bonnes femmes : *Un tiens vaut mieux que
deux tu l'auras.* Adieu mon ami, voyez à tout cela, je ne
veux m'en mêler que pour signer tout ce que vous voudrez que je signe. »

Peu de jours après elle lui écrit pour se plaindre d'un gros rhume, « gros comme les tours Notre-Dame et qui se trouve vraisemblablement si bien dans son individu qu'il ne veut point la quitter quoi qu'elle fasse. »

« J'irai, dit-elle en terminant, à ma première sortie vous baiser trois fois sur l'œil et puis je vous porterai tout plein d'argent que j'irai recevoir afin d'être en règle avec vous. »

En règle !... Elle l'était de moins en moins et le vieil Alleaume devait avoir soupçon que la seconde promesse lui serait plus difficile à exécuter que la première.

Le 14 mars 1779 elle lui écrit que sur deux mille écus qu'elle avait à lui remettre, elle n'a pu rien conserver, ayant voulu le débarrasser de la partie de ses créanciers les plus importuns. Et pour atténuer, sans doute, un peu le mauvais effet que cette nouvelle va produire sur son cher Alleaume elle le prie à dîner pour le 16, le mardi qui suit, et cela en des termes si pressants, si câlins ! « Si vous vouliez me donner une grande preuve d'amitié mon ami, vous viendriez mardi dîner chez moi, où vous trouverez gens à qui parler pour mes affaires... oh ! mon ami, venez mardi, tenez si vous me refusez cette grâce, j'en mourrai, il faudra bien faire un testament et vous appeler en conséquence et puis vous ne pourrez refuser ce dernier office à Sophie ; or, ne vaut-il pas mieux venir pour parler vie que mort, allons ! je vois que vous vous rendez à mes prières, à mardi donc ; à mardi sur les une heure, n'est-ce pas, à mardi. »

Vers la fin de cette année (septembre 1779) Sophie prit avec elle une amie, Mlle Raucourt, une charmante et très fine actrice. Elle avait joué devant Louis XV quelques semaines avant la mort de ce roi et celui-ci avait eu tant de plaisir à l'entendre qu'il ordonna son admission à la Comédie-Française. Elle avait alors environ seize ans et on la peignait comme « un dragon de vertu » car elle avait toujours repoussé avec indigna-ation les offres brillantes des libertins de la Cour et de la Ville.

Elle ne garda pas longtemps cette noble attitude et, comme cela arrive assez souvent dans des cas semblables, tomba bientôt dans les pires excès.

Elle eut une inconduite à ce point notoire que les acteurs de la Comédie-Française refusèrent de l'ad-mettre dans leur Compagnie, et l'on sait qu'ils n'étaient pourtant point trop scrupuleux. Elle réussit cependant à se créer une protectrice toute-puissante en la personne de la vertueuse Marie-Antoinette. La Reine ordonna sa rentrée dans la Compagnie, nonobstant toute opposition des acteurs et actrices, qui préten-daient lui interdire l'accès du Théâtre-Français à cause de son libertinage. Elle y rentra donc en triomphe, et Sophie Arnould la reçut à bras ouverts.

Les deux actrices devinrent de très intimes amies, et quand Mlle Raucourt fit sa rentrée sur la scène, dans

CH CARRINGTON ÉDITEUR

Imp. Ch. Wittmann Paris

le rôle de « Didon », Sophie lui fit une salle merveilleuse,
toute pleine de ses amis, et assura, de cette façon, la
réception de sa protégée.

Bachaumont, qui ne saurait oublier la moindre anecdote scandaleuse, raconte que trois ou quatre mois plus
tard, au commencement de janvier 1780, Mlle Raucourt
quitta la maison de Sophie en compagnie du protecteur
de cette dernière, le prince d'Hénin, et que Sophie fût
si furieuse de cette vile ingratitude qu'elle jura d'en
tirer une terrible vengeance et aurait certainement mis
son serment à exécution si le couple ne s'était réfugié
à Bagatelle, la résidence du comte d'Artois.

Nous croyons bien que l'histoire est fausse et que
le prince d'Hénin avait cessé d'être le protecteur de
Sophie Arnould bien longtemps avant que la jeune
Raucourt ait été accueillie dans la maison. N'est-il pas
probable qu'une intrigue de ce genre n'eût pu se nouer
et suivre son cours sous les yeux même de Sophie.
Celle-ci, nous le pensons bien, n'aurait d'ailleurs pas
songé à tirer vengeance d'une telle action. Elle se serait
contentée de poursuivre le couple de ses plus mordantes
épigrammes et de ses plus cuisants sarcasmes.

Nous inclinons à croire que cette anecdote, toute
d'invention, fut envoyée à Bachaumont par un des
acteurs de la Comédie-Française, dans l'espoir que le
bruit en parviendrait jusqu'à la Reine et lui ouvrirait les
yeux sur le vrai caractère de sa protégée.

Un des adorateurs demeurés fidèles à notre étoile fut
un certain M. de Murville. Il écrivit des épigrammes
contre ses ennemis, mais d'un si méchant style qu'il
vaut mieux ne pas les citer. On le supposait au nombre
des amants de Sophie, mais il se déclara subitement
très épris de sa fille Alexandrine et demanda sa main.

Alexandrine avait alors à peine treize ans. C'était une
petite rousse, d'allures assez gauches, mais qui, en dépit
de cette apparence, avait hérité pour une bonne part de
la finesse et de l'esprit de sa mère.

Elle était donc excessivement précoce, et sans doute
moins innocente qu'une fille ne l'est, en général, à treize
ans. Ses traits n'avaient rien de gracieux, mais sa riche
toison d'or lui donnait un aspect assez agréable. Le
docteur Millin, qui annota un exemplaire d'*Arnoldiana*,
exemplaire qui fut retrouvé depuis par MM. de Goncourt,
déclare qu'avant son mariage Alexandrine avait été la
maîtresse du comte d'Artois et de Milord Stuart, ce qui
est peu croyable, bien que la conduite de son père et de
sa mère, cyniquement indifférents pour toutes les questions de moralité n'aient pu faire de cette enfant un
modèle de vertu. Les quelques anecdotes qui nous sont
parvenues à son sujet sont assez peu édifiantes. Il
semble qu'elle était au courant de la manière de vivre
de sa mère et y faisait parfois allusion d'un ton fort
désobligeant. En tout cas, Sophie ne paraît pas avoir été
pour elle une bien excellente mère.

Alexandrine était assez vaine de sa personne, du

moins de son esprit. Elle avait été élevée au milieu d'une
très mauvaise compagnie, et si le mot de Sophie
Arnould est vrai : « Que les vieux roués qui venaient
chez elle venaient pour voir la toison d'or », allusion
à la chevelure de sa fille, on peut conjecturer quel
genre d'éducation reçut cette enfant. D'un autre côté, il
se peut qu'aucun crédit ne doive être accordé à tous ces
racontars. Bachaumont et ses disciples avaient la dent
dure pour tout le monde, et comme ils savaient Sophie
en disgrâce auprès du public , ils n'épargnaient pas sa
fille.

En tout cas, la pauvre enfant eut à souffrir des vices
de sa mère. Sophie la fit marier, à un âge où elle eût dû
être à l'école, à un jeune homme, qui n'eut jamais aucun
souci de sa jeune femme, la battit et lui fit subir mille
mauvais traitements pendant les cinq années qu'ils
vécurent ensemble.

On ne sait ce qui décida Sophie à consentir à une
union aussi mal assortie. Peut-être voyait-elle qu'il
lui deviendrait difficile de garder auprès d'elle son enfant,
les dettes l'accablant de plus en plus et ses créanciers
devenant chaque jour plus insolents. Il est possible
aussi qu'elle craignait la langue acérée d'Alexandrine et
concevait un peu de honte à l'idée de lui laisser connaître ses débordements. On a fait dire à Alexandrine
cette phrase qui date certainement d'avant le XVIII⁰ siècle :
« Je serai bientôt aussi vieille que ma mère ; tandis que
je compte chaque année une année de plus, elle se
rajeunit d'autant. »

De Murville était un assez ennuyeux personnage et

un fort mauvais poète. Comme nous l'avons dit, il
avait écrit des vers sur Sophie, et ces compliments sont
d'un médiocre achevé. L'actrice disait de lui qu'il
ressemblait à « un de ces vieux laquais qu'on appelle la
Jeunesse ». Cela n'empêcha pas Alexandrine d'être
amoureuse de lui au début.

Le mariage eut lieu au mois de novembre 1780, en
l'église de Saint-Roch. De Murville, qui avait exactement le double d'âge de sa femme, était lié avec plusieurs familles bourgeoises, et toutes ces dignes personnes étaient présentes à la cérémonie. Quand la
mère de la future fut présentée à tous ces respectables
couples, elle dit avec cette effronterie qui la caractéri-
sait : « Il paraît que je suis ici la seule célibataire. »

Le docteur Millin, qui assistait au dîner des noces,
raconte qu'un certain chevalier Dolomieu s'y trouvait
également, qui passait pour l'amant d'Alexandrine. Le
chevalier portait un binocle qu'il sortit au dîner. On
leur donnait alors la forme d'un Y ; de Murville le prit
et le trouva excellent pour sa vue : « Eh bien ! dit
Sophie en l'ouvrant comme deux cornes, garde-le.
Dolomieu te le donne, c'est son présent de noce. »

Alexandrine n'était peut-être pas une compagne bien
sympathique, mais sa mère dut cependant trouver,
en son absence, la vie un peu monotone. Quelques
semaines après son mariage, Alexandrine vint chez elle
tout en pleurs se plaindre de la cruauté de son mari.
Sophie fit des remontrances à de Murville ; mais elle
n'était plus pour lui maintenant que sa belle-mère, et
les strophes louangeuses firent place à des insultes.

Les malheurs fondaient sur la « pauvre fée ». Sa
maison était assiégée de créanciers ; le notaire demeurait
sourd à tous les appels. Ses amants l'avaient abandonnée ; ses amies la trahissaient ; et si l'infortunée
se montrait en public, elle était poursuivie par
d'ignobles brutes, dont certains, peu d'années avant,
la traitaient en idole. Un soir, au Palais-Royal, elle fut
chassée du jardin par un groupe de jeunes gens qui lui
chantaient ce passage d'un opéra où elle avait triomphé :

> Caron t'appelle, entends sa voix.

Si quelques gaillards un peu braves étaient venus
pour cravacher cette bande, il faut avouer que c'eût été,
dans un tel cas, une bonne besogne. .

Le seul plaisir qui restait à Sophie était ses visites à
l'Opéra et le goût qu'elle avait toujours pour ce qui
touchait au théâtre. Elle continuait à donner sur ces
sujets des avis toujours pratiques, mais désormais peu
appréciés. Ses mésaventures successives avaient donné
à son esprit un tour plus acerbe encore que jadis.

Elle eut, parmi les rares satisfactions qui lui furent
accordées dans ces tristes jours, celle de voir retirer les
premiers rôles à son ancienne ennemie, Rosalie Levasseur. Mlle Laguerre en avait hérité ; c'était une actrice au
moins aussi débauchée que celle qui l'avaient précédée,
et de plus assez amie de la bouteille. A la seconde soirée
d'*Iphigénie en Tauride*, elle s'était si impudemment
grisée qu'elle put jouer à peine deux actes. Un gentilhomme de province qui se trouvait à cette représenta-

tion, assis auprès de Sophie Arnould, lui demanda si l'opéra que l'on jouait était *Iphigénie en Aulide* ou *Iphigénie en Tauride*.

« Non, répondit Sophie, c'est *Iphigénie en Champagne.* »

A la fin de la représentation, Mlle Laguerre fut arrêtée et conduite en prison où elle resta treize jours, ce qui lui fit faire le vœu de ne jamais boire à chaque soirée plus de treize verres de champagne. Il est heureux que la durée de son emprisonnement n'ait pas été plus longue.

Cette actrice était aussi extravagante que la plupart de ses compagnes et avait ruiné toute une armée d'amants. Comme elle contait un soir à son directeur que Dieu ne lui pardonnerait jamais d'avoir ruiné un évêque, il lui répondit qu'elle en avait réduit bien d'autres à la misère, entre autres un financier bien connu.

« Oh ! répliqua-t-elle, c'est la meilleure action que j'aie jamais faite. »

Comme on peut s'y attendre, Mlle Laguerre était une femme selon le cœur de Sophie, et celle-ci ne fit jamais sur son compte les remarques sarcastiques qu'elle avait toujours prêtes pour les autres. Cette demoiselle Duplant dont nous avons déjà parlé avait un fils naturel auquel elle était fort attachée.

Elle lui avait fait donation, alors qu'il n'était encore qu'un très jeune enfant, d'une petite propriété qu'elle possédait et disait avoir l'intention de le faire élever dans sa famille.

« Dans ce cas, lui dit Sophie, envoyez-le au collège des Quatre-Nations. »

Les visites à l'Opéra durent cesser, car ce théâtre fut
détruit par le feu le 8 juin 1781. A dater de cette
époque, le nom de Sophie n'est plus mentionné que
rarement. En 1782 elle prit le soin d'élever pour la
scène une certaine Mlle Aurore, mais il est probable que
son intention était seulement de faire échec à Mlle
Raucourt qui, si l'on en croit les feuilles à scandales,
avait refusé d'accepter une élève plus jolie qu'elle et que
l'on disait plus intelligente.

Puis le silence de nouveau se fait pendant plusieurs
années sur le compte de Sophie Arnould. Ainsi que
beaucoup d'autres libertines, elle inclina un moment
vers la dévotion, ou plutôt essaya de s'y appliquer, ce
qui ne lui réussit guère : « Ces directeurs de conscience,
disait-elle, c'est pis que des directeurs d'opéra. » Elle
perdit 30.000 francs à la banqueroute du prince de
Guéménée, en 1782. C'est sans doute cette perte qui la
décida à quitter Paris. Elle prit une petite maison à
Clichy-la-Garenne, tout près de Paris, et y vécut, dans le
calme et dans une solitude relative, bien qu'elle ait
toujours eu table ouverte pour ses amis.

Sa fille l'y rejoignit en 1785. La vie en commun avec
de Murville était devenue impossible et elle venait d'in-
tenter une action en divorce pour cause de mauvais traitements.

Dans la plainte qu'elle avait portée le 19 octobre
1785 devant le commissaire Chenu, elle déclare : « Que
depuis le jour où elle a eu le malheur d'épouser de
Murville elle n'a jamais eu un instant de paix. Il l'a
plusieurs fois frappée à la suite de scènes affreuses, au

su de quantité de monde. Il l'avait jetée à la porte à une heure du matin, quelques jours seulement après la naissance de son premier enfant. »

La même année elle en était réduite à adresser une pétition au Ministre pour lui demander la faveur de rentrer comme chanteuse dans les chœurs de l'Opéra; elle espérait trouver là un refuge, mais il est probable que sa demande ne fut pas accueillie.

Pourtant elle eut le bonheur d'obtenir plus tard le divorce. Elle n'avait que dix-neuf ans, un âge auquel peu de filles sont déjà mariées.

Murville essaya de se venger de sa belle-mère qui avait donné asile à sa femme.

Il fit circuler le bruit qu'il allait écrire pour le Théâtre-Français une pièce dans laquelle les principaux rôles seraient : Sophie Arnould, son ancien amant Belanger et l'acteur Florence, qui passait pour avoir eu les faveurs de l'actrice. La pièce ne fut jamais écrite; il est probable que Murville n'avait ni assez d'esprit pour une telle production, ni assez d'argent pour la faire écrire par un tiers.

*
* *

Nous ne savons que bien peu de chose sur Sophie pendant tout le temps qu'elle vécut à Clichy. Elle y recevait cependant une assez nombreuse compagnie. Millin raconte, à ce sujet, le trait suivant : « J'allais quelquefois voir Mlle Arnould à Clichy. Un jour je la trouvai au milieu d'un grand cercle. Il y avait vingt personnes à table. Je me sauvai. Elle me rappelle et

me dit : « Entre, je marie le fils de ma cuisinière avec
la fille de mon jardinier. Toute la famille et mes gens
sont à ma table. Nous célébrons les plaisirs de l'Amour
et de l'Égalité. »

« Le soir, ses deux fils vinrent. Ils avaient besoin
d'argent. Elle n'en avait point à leur donner : « Eh
« bien, dit-elle, prenez chacun un cheval ! » Et ils s'en
allèrent avec les deux chevaux. »

Une autre fois, il raconte : « Mlle Arnould, pendant
sa détresse, m'invita à venir dîner à Luzarches avec
l'abbé Lemonnier, auteur de fables estimées et d'une
traduction de *Térence*. Je lui représentais que nous lui
serions à charge, n'ayant plus avec elle que Babet, son
ancienne femme de chambre. — Oh! dit-elle, je l'aide
à faire la cuisine. — Bon, quelle cuisine pouvez-vous
faire? — Une blanquette, un roux. — Quoi, vous
savez faire un roux? — Tu crois que je ne pouvais faire
qu'une rousse, me répondit-elle en riant et en regardant sa fille. »

*
* *

Les soucis d'argent continuent donc à accabler
Sophie. Vers la fin de l'année 1788, nous trouvons une
lettre où elle s'adresse à Boutin, un ami des jours prospères. Elle lui rappelle « son cœur et la délicatesse de
ses procédés envers les illustres ingrats qu'elle a jadis
associés à son cœur, à son bonheur et aux plaisirs de son
jeune âge... », et elle ajoute mélancoliquement : « C'est
un malheur, je pardonne à ces ingrats l'oubli de mes
attraits, de mes soins, mais non celui de ma tendresse!...

Cependant, il faut s'accoutumer à tout ; mais me voici aujourd'hui, et par le temps qui court, après vingt années de gloire, de flatteries, d'aisance, obligée de compter avec moi-même, pour n'avoir pas à décompter avec les autres. » Et la lettre se poursuit, sur ce ton charmant qui est le sien, avec cet accompagnement en sourdine d'un rire un peu forcé et que les sanglots éteignent, et c'est un bilan qu'elle dresse de sa situation financière, bilan qui se solde par un déficit énorme et que seul peut combler un emprunt : « Avec ces vingt-quatre mille livres (c'est le chiffre qu'elle fixe pour cet emprunt), je solderai mes dettes, et me réserverai le reste pour la dépense courante, qui deviendra d'autant moins ruineuse que je payerai comptant, et pour m'acquitter exactement de mon emprunt, prélever chaque année une somme de deux mille écus, et puis sur le plus clair de mes revenus par obligations et délégations. Or, comme nous sommes tous mortels, il faut savoir et avoir une hypothèque à donner ; j'ai du mobilier, et ma maison de Clichy — encore qu'elle ne puisse être vendue ce qu'elle me coûte — vaudrait toujours bien mille louis, j'ai tout mon mobilier de la maison de la rue Caumartin. Enfin ! j'ai plus qu'il me faut pour remplir cet emprunt ; il faut, mon ami, non que vous me fassiez ce prêt (je ne serais jamais assez indiscrète pour vous le proposer), mais je désire de votre amitié pour moi que vous me le fassiez faire par l'ami Brichart. Il est bien pour moi, c'est votre homme ; vous et lui êtes bien sûrs que moi, je suis aussi un honnête homme, que je tiendrai mes engagements, qu'ils seront sacrés, que tout y sera sûreté, honneur, probité; voyez, mon ami, quelle réponse vous voudrez faire à votre Sophie. »

Puis elle écrit de nouveau à Boutin (13 janvier 1789) : elle a vu Brichart, il n'avait pas de fonds disponibles, du moins jusqu'en février, et elle demande à Boutin de lui avancer 5.000 francs en attendant.

Un peu plus tard, ce n'est plus 5.000 francs mais 12.000 qu'il lui faut. Elle accable de lettres toutes ses connaissances, et c'est pour le moindre prêt, la plus vague promesse même, des remerciements lyriques, l'assurance qu'au-delà du tombeau son âme gardera le souvenir ému de ces bienfaits.

Malgré la lutte que la « pauvre fée » avait à soutenir avec ses créanciers, elle restait sensible à la détresse des autres. Le 21 janvier, un nommé Bompas fut arrêté à la barrière de Clichy porteur de plusieurs paquets contenant toute une garde-robe : chemises de linon, robes de batiste, jupons de basin des Indes et deux paires de flambeaux, six petites timbales d'argent, un moutardier portant un chiffre formé des lettres S. A., etc.; le tout volé dans une maison de la rue Royale, à Clichy, maison appartenant à la demoiselle Arnould. Sophie ayant appris que son voleur était un compagnon menuisier sans ouvrage depuis six semaines et que c'était là son premier vol, se désista purement et simplement, et Bompas fut relâché.

*
* *

Nous ne savons pas si Sophie prit quelque part à la Révolution, mais cela nous semble fort improbable.

Toutefois, le comte de Tilly peint, dans ses Mémoires, son salon comme une sorte de club révolutionnaire, et nous lisons dans la *Chronique scandaleuse* de Champcenetz, le vieil ennemi de Sophie, ces lignes outrageantes : « Il y a des êtres qui ne mourraient pas contents s'ils ne s'étaient avilis de toutes les manières. La vieille Sophie Arnould en est l'exemple ; après s'être livrée pendant quarante ans à tous les gredins de mauvais goût, elle vient de se faire démagogue, afin de recevoir chez elle la lie de l'espèce humaine. Elle envoie étudier aux Jacobins deux enfants qu'un galant homme lui fit jadis, par mégarde ; enfin elle justifie ce mot terrible du marquis de Louvois : quelqu'un lui demandait pourquoi Sophie puait tant de la bouche : « *Parce qu'elle a le cœur sur les lèvres !* répondit-il. »

*
* *

Sophie continua d'habiter sa maison de Clichy jusqu'en 1790, et la vendit alors pour acheter l'ancien prieuré de Luzarches (Seine-et-Oise). Elle n'avait jamais pris d'intérêt aux querelles politiques, et, criblée de dettes, accablée de soucis, ne pensait guère à jouer un rôle sans profit sur la scène du monde, si dangereuse alors, en ouvrant ses portes aux turbulents. Son fils aîné venait d'avoir vingt-huit ans au moment de la prise de la Bastille, l'autre n'était que de trois ans plus jeune ; ils pouvaient donc se former eux-mêmes leur opinion. D'ailleurs ils ne vivaient pas avec leur mère dont, nous le croyons bien, ils se souciaient assez peu.

Si donc Sophie eût pris une part importante aux évé-

nements du début de la Révolution elle eût été hors
de tout soupçon ou tout à fait suspecte. Dans ce dernier
cas elle eût été arrêtée et envoyée à Paris rejoindre ses
amis et ses compagnes de théâtre à la Conciergerie.

On ne la dérangea qu'une fois, à Luzarches, où elle
reçut la visite du Comité local. Aux questions d'usage
elle fit cette réponse plaisante : « Mes amis, j'ai
toujours été une citoyenne très active et je connais par
cœur les droits de l'homme. » Les membres du Comité
ayant voulu perquisitionner chez elle trouvèrent dans
une des chambres un petit buste de la chanteuse représentée dans le rôle d' « Iphigénie », les yeux à demi-
clos, la bouche ouverte, et le visage tout entier d'une
mourante. Le commissaire qui découvrit le buste se
tourna vers l'actrice et lui dit : « T'as Marat, tu es bonne
citoyenne. »

Sophie ne fut peut-être pas flattée, mais elle eut la
paix ; ses visiteurs s'étant partout portés garants de
son patriotisme, la déclarant au-dessus de tout soupçon.

La maison qu'elle avait achetée avait été la propriété de religieux du Tiers-Ordre de Saint-François,
qui l'avaient abandonnée ou en avaient été chassés et
Sophie l'eut pour un morceau de pain. Elle l'appela
le « Paraclet Sophie ». Peut-être le premier nom avait-il
été donné par les précédents propriétaires. Elle n'y
trouva pas grand confort. Sur la porte, elle fit graver
cette inscription : « *Ite, missa est.* »

C'est dans cette maison qu'elle vécut jusqu'au jour
où elle revint à Paris, peu de temps avant sa mort. Sa

fille était avec elle depuis deux ou trois ans, quand,
s'ennuyant sans doute de sa solitude, elle jugea bon de
se remarier et épousa le fils du maître de poste de l'endroit. Sophie avait peu de préjugés en matière de morale,
mais elle professait une certaine répugnance de voir une
femme divorcée contracter une union nouvelle, son
premier mari vivant encore : « Le divorce, dit-elle à
cette occasion, c'est le sacrement de l'adultère. »

Pendant les douze dernières années de sa vie, la
pauvre actrice goûta jusqu'à la lie le calice amer du
dénuement et de l'ingratitude humaine. Seule, —
Alexandrine ne devait lui rendre visite que bien rarement, — et pauvre et malade d'une maladie douloureuse
au possible, elle correspondait encore avec Belanger, un
des deux hommes qui l'avaient certainement aimée
et qu'elle avait aimés.

Ces lettres lui étaient une consolation, un passe-temps
chéri, l'illusion du bonheur fini dont elle évoque le souvenir en essayant encore de sourire, comme autrefois,
bien qu'elle ait dû souvent laisser tomber la plume de
ses mains pour laisser couler des pleurs.

Elle lui écrit le 28 février 1793 :

« *A Belanger*,

« Du Paraclet-Sophie, ce 27 février 1793.

« Eh bien ! mon bel ange, voilà ta Sophie de retour
dans sa pauvre petite chaumière. Sais-tu bien, mon
ami, que tu m'as traitée avec bien de l'indifférence pendant le séjour que j'ai fait à Paris ; me voir rien qu'une

fois! encore est-ce parce que j'ai été te trouver deux. Je
suis toujours comme ces bons chiens qui reviennent sur
le coup, qui lèchent la main au maître qui les a
frappés... Oh! j'en ai pensé pleurer plus d'une fois; mais
je me suis dit : « Eh bien, que feras-tu, Sophie ? pauvre
Sophie! on peut bien bouder contre son ventre, mais le
pourras-tu contre ton cœur? Eh! j'ai repris tristement
le chemin de ma solitude, *où la consolante espérance
embellit pour moi l'avenir.* Eh! comme je chante toujours, j'ai trouvé en songeant à tout ce qui m'arrive que
l'air et les paroles du pauvre Jacques : *Quand j'étais
près de toi*, etc., etc., convenaient merveilleusement à ma
situation, et c'est aujourd'hui le seul des airs que je me
permette... Ah! pauvre bébé... tu t'en souviens :
« *Tous mes jours étaient beaux! Qui me rendra ces
temps prospères?...* »

« Eh bien ! mon bébé, quoique je ne compte plus ni sur
ta tête ni sur ta... je t'avertis que je compte, et compte-
rai éternellement sur ton cœur : — en conséquence, je
te prie de me donner en ce moment preuve d'intérêt,
d'amitié bien sincère pour ta Sophie, en t'occupant un
peu de ses petits intérêts : 1º pour ma maison de Clichy-
la-Garenne, vendue à réméré au citoyen Germain, ban-
quier à Paris, demeurant place des Victoires, car je ne
sais pas son dernier nom. Je la lui ai vendue 24.000
francs pour trois années; mais au bout de deux, si je trouve
à la revendre davantage, en lui rendant la somme de
24.000 francs qu'il m'a donnée, je rentre dans ma possession telle qu'elle est et se comporte; je voudrais en
avoir 40.000 francs y compris les glaces et boiseries et

tous ses agréments! Tu sais, mon ami, que cette maison
me revient à plus de 65.000 francs par tout ce que
j'y ai fait construire, et par les bâtiments que j'y ai
ajoutés, etc., etc., de sorte que les personnes qui
l'auront n'ont absolument que des lits et des meubles à
y porter. Vois, mon bien-aimé, à me faire dépêcher cette
vente, parce que cela me fera quelque argent dont j'ai
grand besoin, ainsi que tout le monde, je crois, par le
temps qui court. En voilà pour un; ensuite 2°, comme
je songe à orner, à embellir ma retraite, et à la faire
valoir, je plante et sème tant que je puis. Si tu avais
quelques arbres à me procurer, d'abord des arbres fruitiers, tels que des pommiers nains, dits sans paradis,
quelques autres aussi; quelques poiriers, pêchers, et
puis beaucoup de petits arbrisseaux pour bosquets et
parterres, oh! tu me ferais grand plaisir. Voilà bien des
choses à la fois, diras-tu; mais! c'est pour importuner
moins souvent que je te demande tout de suite ce que
j'aurais besoin ou envie; j'ai une terre excellente, un
emplacement charmant, tout y vient comme au jardin
d'Éden. Voilà pourquoi je commence ma demande par
des POMMES, non que j'aie un Adam à tenter, ni que
je sois encore dans le cas de trouver un Pâris qui
soit tenté de me la donner; mais on est bien aise dans
tous les temps de sa vie de garder une poire pour la
soif. Ah çà mon bébé, je hasarde toutes ces demandes,
bien entendu que tu feras ce que tu voudras et que tu
auras tout le loisir de ton côté de mettre néant à ma
requête, non pas à tout, car tu n'as que la bonne
volonté à mettre pour moi dans l'affaire de la maison de

Clichy, et si cela a lieu, alors elle me mettra à même
d'acquérir ce que j'aurai besoin. Bonjour, mon bébé,
mon ancien et éternel ami : n'oublie jamais qu'il existe,
dans un coin de cette terre, un être qui t'a aimé bien
tendrement, — à la raison comme à la folie, — et qui
t'aimera jusqu'au dernier soupir de son dernier
moment. Et celle-là, c'est ta Sophie ! »

« *P.-S.* — Donne-moi de tes nouvelles, écris-moi
souvent à mon Paraclet, tu sais que la première
des Héloïses n'avait besoin que des lettres de son
Abailard pour charmer ses ennuis ; c'est elle qui dit
encore à son amant que l'art d'écrire fut inventé par
l'amant malheureux et l'amante captive, etc., etc.
Allons, adieu encore, quoique ce mot coûte à mon
cœur. Si l'amour laisse quelques moments à l'amitié,
donne-les à ta pauvre amie. »

Sans doute Belanger envoya les arbres fruitiers
qu'elle demandait et quelque bon conseil sur la vente
de sa maison, mais beaucoup de ses lettres ont été
perdues. Il en est une datée du 16 janvier 1795. Son
existence n'avait pas été fort agréable durant les mauvais jours de la Révolution ; il avait été emprisonné et
s'était trouvé bien près d'être compris au nombre des
victimes de Thermidor. Ses aventures sont contées par
lui d'amusante façon : « Que de choses se sont passées,
bonne Sophie, depuis que nous nous sommes vus ! Je
suis quelquefois tenté de dire comme ce catholique qui
rendait compte de son traitement à son médecin ! et qui
disait : « Ils m'ont donné l'émétique, l'Eucharistie,

« l'opium et le viatique dans la même journée ; en vérité,
« ils m'ont traité comme un cheval. »

« Pour moi, ils m'ont ruiné, volé, incarcéré, marié,
en me disant qu'ils me traitaient en bon républicain ;
peu s'en est fallu que je n'eusse pas la possibilité de les
remercier de toutes ces bontés, car ils m'avaient enterré
dans un des caveaux du cachot de Pélagie, comme une
fille de mauvaise vie.

« Le plus grand désespoir était que je me crusse toujours dans le meilleur des mondes, l'ami des con-
cierges, des guichetiers, des chiens ; je l'aurais été, je
crois, des bourreaux, si je les eusse connus en détail. A
peine échappé et par miracle aux exécuteurs des *hautes-
œuvres*, je me suis trouvé livré, en rentrant chez moi,
aux exécuteurs des *petites-œuvres* : un gardien fidèle
avait tout volé ; des huissiers avaient tout pillé, tout
cassé, pour voir où je cachais mes *joyaux* et mon
numéraire, deux genres de propriété qui m'ont toujours été inconnus. Je crus trouver quelques secours
dans mes amis : les deux tiers avaient eu le col coupé ;
l'autre tiers, embêtifié ou paralysé de peur, au lieu de
défendre mes intérêts devant les tribunaux, disait qu'ils
n'avaient jamais osé s'intéresser à un détenu comme
moi.

« Je me suis donc mis moi-même à la tête de mes
affaires, et je crus qu'ayant tout perdu, je serais au
moins libre de mon temps ; mais le Comité de sûreté
générale, ayant appris que j'étais un artiste désintéressé
que la Révolution avait ruiné, qui n'avait jamais eu de
grâces à la cour, dont la charge était tombée en

déchéance, *faute de quittance de finance*, que pendant ma détention j'avais donné des mémoires instructifs sur les Arts, que j'avais commenté l'ouvrage du philanthrope Howard sur les prisons, me nomma (sans que je puisse refuser) membre du Comité civil de ma section, pour faire distribuer le porc frais, la chandelle, la viande, l'huile, le pain, le bois, etc., et par-dessus tout faire les enterrements ; tout cela à raison d'un écu par jour, en travaillant depuis sept heures du matin jusqu'à onze heures du soir, de manière que je suis tenté de demander, à titre de service, qu'on veuille bien, puisqu'on a décrété la liberté, me remettre en prison, pour que je puisse au moins être un peu libre.

« Voilà, ma bonne Sophie, un petit essai sur ma vie politique, depuis que nous nous sommes vus. J'oubliais de te dire que depuis que Trial m'a fait signer sur un registre timbré municipalisé, quand j'arrive dans une maison qu'on appelait autrefois château, au lieu de préparer pour moi et ma compagne deux chambres, il n'y a plus qu'une chambre et qu'un lit ; au surplus, le papa Lauraguais, qui est venu me voir, et dont le silence m'inquiète un peu depuis son départ pour Manicamp, m'a dit en se frottant le col, que cent philosophes nous ayant traité comme cela amicalement, l'un et l'autre, nous n'avions pas lieu de nous plaindre : ce qui fait, comme tu vois, ma bonne amie, que je prends mon parti assez gaîment, et que je ne me plains pas tristement par des jérémiades qui n'aboutiraient à rien.

« Je n'ose te parler de ta fortune, parlons au moins de ta santé, de ta fille et de tout ce qui t'intéresse.

« Au surplus, je suis obligé de te quitter pour quelques instants, car on m'emmène pour affaires. Sous peu de jours je reprendrai le cours de ma conversation.

« Salut, santé, et pas trop d'appétit.

« BELANGER.

« Paris, ce 27 nivôse l'an 3ᵉ (16 janvier 1795). »

Et Sophie lui répondit cette longue lettre :

« *A Belanger*,

« Du Paraclet-Sophie, ce 3 ventôse, année 3ᵉ de la République française, une et indivisible (21 février 1795).

« Enfin, voilà donc une réponse de mon bel ange, ou, pour m'exprimer selon mon cœur, des nouvelles de mon ami ; me voilà donc encore une fois heureuse dans ma vie. Votre lettre, mon ami, m'a fait éprouver toutes les sensations, et vous vous doutez bien du rang où je les place ; après la peine, le plaisir. Comment, mon bien-aimé a tant souffert !... ils t'ont ruiné, mon bel ange ; ils t'ont volé, incarcéré, et marié !... Mon ami, moi je ne le suis pas, et peu s'en faut cependant que je n'aie éprouvé les mêmes tourments, les mêmes persécutions ; ils m'ont ruinée aussi, ils m'ont fait des visites révolutionnaires ; ils auraient été aussi jusqu'à l'incarcération, si je n'eusse été réclamée par les habitants de ma commune ; mais ces derniers ont bien voulu dire tant de bien de moi, qu'ils ont respecté ma personne et ne se sont jetés que sur la fortune ; *mais à quoi sert le bien, à*

qui n'a besoin de rien? Au demeurant comme j'en ai
bien long à te raconter sur tout cela, je me réserve
pour te le dire de vive voix, si j'y pense encore, car je
crois que le plaisir de te voir me fera oublier tous mes
malheurs, toutes mes vicissitudes, etc. Enfin, nous en
voilà quittes encore une fois, il faut espérer que ce sera la
dernière, et que nous n'aurons plus ni tyran, ni
ministres à combattre : on a longtemps parlé de la
bête du Gévaudan ; mais on parlera longtemps encore,
je crois, de l'animal féroce dit *Robespierre!* Allons,
tâchons d'oublier toutes ces horreurs ; cela sera difficile
à mon cœur, puisque j'ai à regretter une de ses victimes qui m'était chère..... ton ami, ce malheureux
d'Hénin ; je ne sais si je le pleurerai longtemps encore ;
non, mais je promets bien de ne l'oublier jamais.

« Allons, changeons de matière, tu ne sais ni où je
suis, ni comme je suis. Eh bien! il faut que je t'en fasse
ici le détail; d'abord mon habitation est un ci-devant
couvent de moines (qui aurait été fort du goût de notre
célèbre Ninon). Mais mon couvent, sans moines, ne
lui aurait peut-être pas tant plu qu'à moi, tel qu'il est :
je ne suis pas dans une commune merveilleuse pour la
société, car elle est nulle ici, mais j'y suis dans une
retraite charmante et qui serait devenue un délice, si
j'avais pu y finir les travaux que j'y avais commencé,
mais ils m'ont *démonétisée...* L'ami Cambon m'a, par
ses opérations algébriques, coupé bras et jambes, si
bien que j'ai une maison qui n'a que la carcasse, et qui
attend portes et fenêtres pour quand il plaira à Dieu de
m'en rendre les moyens ; mais quant à présent, me

voilà à peu près comme le fils de Dieu fait homme, je
n'ai pas où reposer ma tête, c'est-à-dire pourtant que je
me suis campée provisoirement dans une manière de
chenil que je nomme ma maison, j'ai fait construire
dans le colombier de mes anciens moines une chambre
où tient un châlit, une table, une chaise, etc. Voilà où je
gis. Mais en revanche j'ai un beau parc contenant tout
ce qu'il est possible de désirer pour l'agrément et le
besoin; un superbe potager, une vigne, qui, cette
année, m'a rendu dix muids de vin, une futaie, un bois,
un verger, un canal très bien empoissonné, des bosquets, bon air, belle vue, bon terrain, voilà la quatrième année que j'y suis, et que j'y reste dans la plus
grande solitude, eh bien! je n'y ai pas éprouvé une
seconde d'ennui, tant tout ce qui m'environne est varié ;
j'ai fait bâtir d'abord, et puis *le combat finit faute de
combattants* pour cette partie. Mais j'ai fait planter,
déplanter, semer, semer et j'ai récolté ; puis j'ai une basse-
cour, mes courtisans y sont assez nombreux : poules,
coqs, dindons, cochons, moutons, lapins ; j'avais aussi
des pigeons, mais la cherté de leur nourriture m'a fait
renoncer à ces derniers ; quand j'aurai du terrain de
libre pour leur faire de la nourriture, eh bien! j'en aurai
encore, car tout cela est de ressource, et il y a beaucoup
à profiter avec ces beaux esprits-là, lorsqu'ils sont à
notre table : là, ils ne vous contrarient pas. J'ai tout
oublié du beau monde et de ses usages ; tu le vois, mon
ami, il y a si longtemps aussi que je vis comme une
sauvage, qu'à peine puis-je me rappeler le langage
des humains. Ah ! si je n'avais ma fille, qui quelque-

fois vient me tirer de ma léthargie, je crois que
j'aurais oublié à parler ma langue ; mais à propos
de ma fille, c'est toujours un drôle de corps ;
toujours de l'esprit et de tous les esprits ; tu sais !
elle est divorcée d'avec Murville ! elle s'est remariée ici,
avec un gros beau jeune homme, le fils du maître de
poste de Luzarches. Enfin, c'est fait ; tu sais que pourvu
qu'elle soit bien la nuit, elle s'embarrasse peu des
formes, le jour. Ce mari-là devait lui convenir tout
aussi peu qu'à moi ; mais elle l'a voulu, elle l'a pris. A
propos de mari, tiens, tu peux bien savoir à peu près ce
qu'il est, celui-là, car il y a un jeune homme qui a été
dessinateur chez toi qui vient d'épouser sa sœur ; c'est
un nommé Lépine, architecte : il a fait pour lui un assez
bon mariage à tous les égards ; sa femme est la plus douce
et la meilleure créature du monde, et puis elle est assez
riche, d'autant que tout son bien est en fonds de terres,
et que les terres sont aujourd'hui d'un prix exorbitant.
Allons, oh ! pour le coup, voilà une trop longue lettre,
et cependant je ne t'ai pas dit la centième partie des
choses que j'aurais à te communiquer, car j'ai à te parler de cent mille choses ; j'ai cent questions à te faire
sur ta position actuelle, sur la suite de tes infortunes..., tes besoins ! que sais-je ! n'attends pas de moi
de belles phrases, sur tout cela mon cœur n'est qu'une
bête ; mais retiens bien, mon ami, que si de nous deux,
c'est moi qui suis la moins infortunée, tu as droit au
partage de tout ce que je possède ; je n'ai oublié ni le
temps passé, ni tes bonnes qualités, ni tes vertus ; il
est bien juste que celui qui a toujours été bon fils, bon

frère, bon parent, bon ami, trouve aussi des bons cœurs,
et celui de ta Sophie est, a été, et sera tien, jusqu'à la
dernière heure.

« Peu de moments, mais je n'irai qu'une minute à Paris
et qui sera pour te voir et embrasser ; le premier qui en
aura le loisir ira visiter l'autre ; si je vais, moi, ce ne
pourrait être que pour mille choses. Mille amitiés,
mille remerciements à ta femme de son offre obli-
geante, j'en userai au n° 21. »

Quelques mois plus tard, Belanger reçoit une autre
lettre. Sans doute Sophie dut en écrire d'autres dans
l'intervalle, mais ces lettres ont été perdues ou du
moins n'ont pas été découvertes :

« Du Paraclet-Sophie, an 3, 3 floréal (22 avril 1795).

« Eh bien, mon bel ange, vous vous croyez donc
quitte de moi pour me répondre. Oh ! que je ne tiens
pas comme cela mes amis quittes envers moi, à si bon
marché ! Je vous ai écrit pour deux, et je veux deux
réponses, une de toi et de ta compagne. Et puisqu'elle
s'est érigée ta garde-malade, il faut qu'elle remplisse
tous les devoirs de son état, il faut qu'elle ait la bonté
(dont elle a si bonne dose dans le cœur) de me donner
de tes nouvelles ; je dirais bien et des siennes aussi,
mais je lui ai trouvé si joli visage, que je crois d'elle,
comme dit la chanson de Beaumarchais : *beau, c'est-à-
dire bon.* Ma foi, mon bel ange, tu n'es pas changeant,
tu n'en as pas de prétexte, car celle que tu aimes est
toujours la même, sans compliment encore ; allons,
donne-moi de ses nouvelles, prie-la de me donner des

tiennes, et nous serons tous trois heureux ; pour moi, si je ne suis pas morte de faim, après ce temps-ci, oh ! je vous écrirai jusqu'à vous ennuyer peut-être. Nous mourons de faim ici, parce que nous sommes environnés de scélérats, car il y a du blé pour plus d'une année, bien loin d'en manquer par famine. Enfin j'ai été refusée de 1.500 francs, *pour un septier de farine*, ils ont si mauvaise volonté qu'ils refusent même du numéraire ; ils veulent faire mourir de faim absolument et ôter toutes les ressources. Le commerce à présent n'est qu'un brigandage effréné, c'est à qui pis fera. Les fermiers, les meuniers, les boulangers et voire *même les bouchers*, sauf l'estime que j'ai pour le représentant Legendre, tout cela sont des gueux, des scélérats, qui n'ont ni foi ni loi, qui n'ont rien de sacré et qui sont des Judas de nature. Pauvre République ! J'enrage de colère de voir tant de scélératesses. Eh bien ! ne me voilà-t-il pas en colère comme Gilles, moi qui ne vois personne, et qui n'ai jamais voulu me mêler de rien que de planter mes choux, les fricasser et les manger, car je suis devenue le *maître Jacques* de ma maison ; aussi Dieu sait quelle maison ! heureusement que je ne suis pas sur ma bouche et, comme disait le pauvre Favier, que je n'ai pas *mon tempérament dans les asperges !* car je serais mal nourrie. Enfin, tout cela se passera. Ce qui est immuable, que le temps, l'absence et tout ce qui a changé, n'a jamais atténué, c'est la tendre et constante amitié de votre Sophie.

« Allons vite ! de vos nouvelles, Monsieur et Madame, ne me faites pas languir, car bientôt peut-être partirai-je pour le *grand voyage*, ce départ éternel...

« Bien des amitiés de ma part à Bougainville, j'aime toujours ce petit polisson de collège ou d'école.

« *P.-S.* — Tu m'as promis des graines, ne m'oubliez pas, mes amis, car je vais toujours plantant!

« A propos de planter, je ne t'ai pas dit qu'un nommé Lépine, que je crois avoir vu dans un coin de tes ateliers et chez toi, a épousé la sœur du *plus nouveau de mes gendres*, remarque bien que je ne dis pas le dernier... parce que dame Alexandrine peut en ordonner autrement, c'est pourtant un assez bon enfant... Ah! tu sais que ta ci-devant femme, quant à ce qui est d'ça, n'aime à bouder ni contre son ventre ni contre son bas-ventre.

« J'embrasse ta femme; si ce baiser lui semble de la viande trop creuse, qu'elle te le rende, tu lui en donneras un autre. »

*
* *

A mesure que les années s'écoulaient, Sophie devenait de plus en plus pauvre. Elle n'était guère habile dans l'art de la ferme et tout ce que ses jardins produisaient était vendu par elle à un prix inférieur aux sommes dépensées pour la culture. Elle n'importune plus ses amis et son notaire au sujet de sa propriété, puisqu'elle ne possède plus que son Paraclet, « le mal nommé », une ruine dont une seule chambre reste habitable, toutes les autres n'ayant ni portes ni fenêtres.

En janvier 1797, elle vint à Paris pour essayer de recouvrer les arrérages de sa pension qui, pendant la

période troublée de la Révolution, ne lui avait pas été
payée. Elle écrivit la lettre suivante au « citoyen
ministre des arts » : « Je suis depuis plus de trois mois à
Paris, où je sollicite vainement la liquidation des deux
pensions de retraite gagnées et obtenues plus de douze
années avant notre Révolution ; ce qui incontestable-
ment fait titre de propriété pour moi, sans mes autres
droits, dont vous êtes déjà instruit par le nombre de
réclamations faites à ce sujet.

« Les deux pensions de retraite que je réclame, citoyen
ministre, sont le résultat d'engagements formels et
mutuels entre le gouvernement d'alors et moi : c'est le
fruit de mes études, de mon travail, de mes talents,
c'est donc mon bien, comme les autres rentes que j'ai
sur le Gouvernement. Pensions ou retraites sont un
dépôt que j'ai confié au Gouvernement, pour trouver au
besoin de quoi achever ma vie, et alors, ou je m'abuse,
ou tout ce qui tient à la foi publique doit être garanti
par l'éternelle équité. La forme d'un Gouvernement
peut changer — nous l'éprouvons ce changement, nous
autres Français, pour notre bonheur ; — mais il cesse-
rait d'être un bonheur, si tout ce qui tient à la foi
publique pouvait changer également. Mais je me rassure
en voyant votre nouvelle constitution fondée sur les
droits de l'homme et garantissant à tout citoyen français « sûreté pour sa personne et ses propriétés ». Je
fais partie de sa nombreuse famille, citoyen ministre, et
j'ose dire que je m'en suis rendue digne sous tous les
rapports possibles.

« Je demande donc au nom de la loi, de l'équité, de

la justice, que mes pensions de retraite qui font partie
de mon revenu, qui sont mon bien, soient assimilées
aux rentes viagères et sans plus de restrictions...

« Le 25 germinal, 5e année républicaine 1797), 14 avril. »

Cet appel n'eut pas de résultats meilleurs que tous
les précédents, et le 3 juin elle écrivait à un ami qu'elle
avait prié d'agir en sa faveur, lui reprochant d'oublier
« la solitaire du Paraclet-Sophie : cette Arnould, autrefois (d'après le dire d'un de nos poètes au moins) seule
déesse au théâtre des Dieux. »

Quelque temps auparavant, Alexandrine était morte
et, pour ajouter aux embarras de Sophie, elle avait dû
recueillir les deux enfants que sa fille avait eus de
Murville. Celui-ci ne pouvait s'en charger, se trouvant
à l'Armée des Pyrénées. Mais quelqu'un s'employa
pour faire admettre l'aîné de ces enfants à l'École
Nationale de Liancourt. Sophie écrit à cet ami qu'elle
le remercie de tout son cœur, de toute son âme, de
toutes ses forces, puisque c'est trois heureux qu'il fait :
« le père, le fils et elle-même ». Et cela sans préjudice
de la reconnaissance que Murville lui témoignera.

Peu après, Sophie revint à Luzarches. Elle n'avait
pas encore perdu tout espoir de toucher sa pension, et
écrivit au ministre (le 26 juillet 1797). Elle lui dit
qu'elle est encore « pensionnaire non liquidée de la
nation », qu'elle ne peut ajouter à ce titre que celui « de
rentière non payée » et que ces deux adverbes joints font
vivre d'indignation et mourir de faim : « C'est dans cette
position où je suis, ajoute-t-elle, qu'il me reste à peine

la force de me dire, très fraternellement, votre affectionnée concitoyenne, Sophie Arnould. »

Une grave maladie vint la saisir presqu'à cette date et
ajouter à toutes les peines qui l'accablaient celle des
pires souffrances physiques. C'est ce que nous apprend
la lettre suivante à Belanger, une lettre de reproches
attristés, mais toujours tendres :

A Belanger,

« Du Paraclet-Sophie, 14 brumaire an V^e
(4 novembre 1797).

« Comment, il est Dieu possible, mon bel ange, vous,
le meilleur comme le plus ancien de mes amis, que je
sois malade comme je l'ai été, aussi gravement, aussi
dangereusement depuis quatre mois et plus, sans
avoir entendu parler de vous, sans en recevoir la plus
petite marque d'intérêt, d'amitié! je ne l'eusse jamais
cru, si je ne venais de l'éprouver. Ah! que votre cœur a
de reproches à se faire!... Voilà donc les amis de ce
monde!... Aussi, pendant les trente-cinq jours où j'ai eu
pour compagne de ma couche cette hideuse qu'on
appelle la Mort, eh bien! je n'ai eu aucun regret de penser
à la suivre... Je viens de faire un apprentissage qui m'a
prouvé qu'il était plus difficile de vivre que de mourir,
mais par exemple ce que j'ignorais, ce sont les maux
occasionnés par une fièvre — putride, bilieuse et ·
maligne; et c'est ce que je sais actuellement. M'en voilà
quitte, Dieu merci, aux forces près, qui sont encore bien
faibles, car je puis à peine marcher; il y a quelques

jours que j'ai voulu me traîner jusqu'à la porte du jardin *pour humer l'soleil d'la nature*, oh! il a fallu me rapporter bien vite dans ma cahute, qui contient neuf pieds carrés, que j'ai encore bien de la peine à parcourir; cela reviendra peut-être, mais la saison où nous sommes n'est pas trop favorable aux convalescents.

« J'ai une grande consolation, c'est l'intérêt tendre et *actif* que le bon père Poupard a pris à mon état; j'ai trouvé en lui le cœur de Dorval et la générosité du comte de Lauraguais! Cependant le pauvre diable est dans une furieuse gêne, je le sais, rien de ses affaires ne finit, et il y a encore le séquestre sur ses revenus, etc.

« J'ai à joindre à cet excellent ami, l'ami Darcet, François de Neufchâteau, Mirbeck, la citoyenne La Chabaussière, parents et autres, qui m'ont donné preuve d'intérêt, et qui m'entourent de soins extrêmes. Mon fils aîné m'avait amené un médecin de Paris, mais je m'en suis tenue à celui de mon village, un vrai Sganarelle, chantant toujours *bouteille ma mie*, et ne la quittant que rarement! N'importe, il m'a bien soignée, bien traitée, bien guérie, et peut-être un médecin de Paris ne m'aurait-il pas tirée aussi bien d'une maladie aussi compliquée et aussi grave. J'oubliais d'ajouter au mérite de mon Esculape, qu'il est fou à toutes les nouvelles lunes, mais fou, bien fou, pendant toute sa durée, ou quatre jours au moins. Eh bien! tout cela n'y fait rien; est-il question de son art? il reprend toute sa raison; c'est le plus grand botaniste que l'on connaisse, et il n'a employé que des simples pour ma guérison, mais il a, je crois, les secrets de la nature dans ce genre.

« Adieu, mon bel ange, en voilà assez de dit pour une pauvre fille, qui par sa faiblesse ne fait que difficilement usage de ses membres, et qui a la tête encore étonnée par la maladie et la diète et ce qui s'ensuit ; je ne vous aime ni ne vous embrasse de toutes mes forces, car ce serait trop mal vous exprimer combien vous est et vous restera tendrement attachée votre bonne Sophie.

« *P.-S.* — Ne m'oubliez pas auprès de votre charmante et aimable compagne, quoique je sois sensible à l'oubli qu'elle a fait de sa meilleure et plus ancienne amie ! Elle aurait dû penser pourtant qu'étant *coiffée d'elle* comme je le suis, *çà me ferait ben de la peine.* A propos de coiffure, ah ! pardienne, va, j'ai de beaux cheveux actuellement ; si tu me voyais tu dirais bien : *la v'là donc c'te belle !*... maigre comme une arête, pâle comme la Mort ! Ah, mon bon Dieu ! ce que c'est que de nous !... le beau plaisir que de vieillir, sans avoir plus à compter sur printemps, plaisirs, ni amours... A propos de tout cela, dis à mes bons amis de ce bon temps, Bougainville, Sainte-Foy, Moyreau, etc., etc., que la bonne Sophie est encore heureuse par le souvenir qu'elle conserve d'eux, et qu'elle les embrasse avec son vieux visage, d'un cœur toujours jeune et qui ne vieillira jamais en amitié, comme en tendresse : sentiment qui me fait croire bien fortement à l'immortalité de notre âme, et que, lorsque nous mourons, ce n'est que pour changer de coque comme les vers à soie. »

Une des personnes mentionnées dans cette lettre,

François de Neufchâteau, fit preuve d'une bonne amitié
pour Sophie et c'est grâce à lui que l'actrice dut de
jouir d'un léger confort pendant les derniers jours de
sa vie.

Il y eut pourtant entre eux une brouille assez
sérieuse.

Dans les fragments qui nous sont restés de ses
« Mémoires », Sophie trace, en effet, une brève
esquisse de la vie et du caractère de François de Neufchâteau et y ajoute une anecdote où celui-ci joue un
rôle peu aimable. La voici :

« François de Neufchâteau, dont les dernières années
furent si brillantes, fut un petit personnage à son début.
Ce jeune garçon, fils d'un pauvre propriétaire du pays
des Vosges, s'échappa des mains de ses parents pour
aller saluer à Ferney *le glorieux patriarche de la litté-
rature*. Voltaire, accablé et jamais rassasié de ces sortes
d'hommages, trouva *charmants*, c'était son terme, les
méchants vers de ce jeune homme, et, comme il avait
l'air de vouloir s'établir dans son *hermitage*, le malin
vieillard lui conseilla de se rendre au plus tôt dans la
capitale du monde littéraire, où il lui promit les plus
grands succès.

« Le jeune François, qui n'osait se mettre en route
sans passe-port, le supplia de lui accorder quelques
lignes de recommandation auprès d'une ou deux personnes marquantes. Le poète, pour se tirer d'affaire,
lui donna quelques mots pour une duchesse qu'il savait
morte et un petit quatrain pour moi. François, assez

mal vêtu et d'une tournure villageoise, vint me rendre ce quatrain, auquel il joignait ses civilités. Sa gaucherie n'était pas incurable, car il avait un très vif penchant pour les femmes et pour les femmes de théâtre surtout. Nous reprîmes ce jeune talent en sous-œuvre, et j'en décidai la reconstruction ; je lui appris (en assez peu de temps) des quantités de choses, et je le dégoûtai, à force de moqueries, de ces fadeurs insignifiantes et de ces phrases de longue haleine dont le ridicule ne l'avait pas encore frappé ; son accent montagnard et sa voix bruyante blessaient mon oreille : je lui appris d'abord à se taire, et quelque temps après à parler bas. Il mit, de temps en temps, des essais plus ou moins parfaits aux concours annuels de l'Académie française et des provinces. Il remporta des prix et me fit hommage de ces médailles académiques, me déclarant à moi-même que nous remportions ces prix-là en commun.

« Ma jeunesse s'éloignait à grands pas, la sienne était à sa floraison. Il osa soutenir qu'il m'aimait, et mon bon sens n'en voulut rien croire ; il me protestait alors que je lui faisais injure : la suite a bien prouvé qu'il n'était qu'un menteur et que j'avais plus d'esprit encore qu'il ne m'en croyait.

« Lorsque la Révolution éclata, François de Neufchâteau, qui avait adressé tant d'hommages flatteurs et tant de madrigaux parfumés à toutes les grandeurs humaines, fut des premiers à prendre parti dans la révolte et n'encensa plus que la *Liberté* et l'*Égalité*. Sous le règne sanglant de la Terreur, il adresse une

Épître démesurée au farouche Robespierre, qui tuait de préférence les nobles et les savants. Cette conduite déshonorante d'un vil déserteur et d'un lâche lui valut l'estime et l'affection de tous les hommes de rapine et de carnage, dont il s'était fait le poète et l'admirateur.

« A leur tour, ces messieurs-là le firent membre du Directoire, qui remplaça, comme on sait, la Convention nationale mise au néant par Napoléon. J'avais perdu, à la banqueroute décrétée sur le rapport du fameux Cambon, les deux grands tiers de ma petite fortune ; ayant appris l'exaltation de mon ancien jeune homme, je me parai de tous mes plus beaux ajustements et de mes valenciennes, sans faire la jeune pour cela. Je me rendis au palais du Luxembourg, qu'habitait l'Altesse nouvelle. Les grandes salles et antichambres de ce palais étaient pleines de solliciteurs et de bonnes gens à espérances : toutes ces personnes vinrent à moi, et m'accueillirent comme on revoit une femme à talents que l'on croyait morte. Un homme de très haute distinction, après m'avoir commodément assise dans un fauteuil, passa vitement chez le directeur de l'Empire français, lui disant que Sophie Arnould sollicitait de lui une courte audience. Le petit poète, métamorphosé en grand seigneur, répondit avec emportement : « *Eh!* « *que me veut cette vieille folle? courez lui dire que je* « *n'y suis pas.* »

« L'éclat de sa voix parvint jusqu'à mon fauteuil, l'indignation me saisit ; je poussai les portes devant moi et je parus en sa présence : « Je ne viens point « vous reparler du passé, lui dis-je, je viens vous prier

« seulement d'empêcher que je ne meure dans un
« hospice ; le présent vous appartient, mais l'avenir
« n'appartient à personne : accordez-moi, s'il vous
« plaît, la pension qu'allait me donner la cour si vous
« ne l'aviez renversée. Au demeurant, Monsieur le
« Directeur, je ne suis point folle par le nombre de mes
« années : ce fut dans ma jeunesse que je l'étais. »

« Il comprit on ne peut mieux le sens de ces paroles,
me prodigua ses révérences et me promit avec caresses
ce qu'il n'avait pas l'intention de tenir.

« Le lendemain, car il me tardait, je racontai mon
événement du Luxembourg à des personnes aimables
dont j'étais aimée. Elles mirent dans les journaux tous
ces articles piquants *sur la morgue et sur l'ingratitude*
qui réjouirent l'auditoire et qui me furent attribués. »

Deux années plus tard, le ministre eut sans doute
quelque regret de sa conduite, et ayant appris, par
Belanger peut-être, à quelles extrémités se trouvait
réduite son ancienne amie, lui vint en aide de son mieux.
Il est fort probable que l'entrée à l'école d'un fils de
Murville fut due à sa protection ; en tout cas il fut solli-
cité à ce sujet. La jolie lettre de Sophie que l'on va lire
semble bien établir qu'il s'en occupa puisque l'actrice
lui parle du trousseau de l'enfant et d'autres menus
détails.

« Du Paraclet-Sophie, 25 prairial an V^e
(13 juin 1797).

« Me voilà de retour dans mes foyers, bon et esti-
mable citoyen, attendant l'effet de vos promesses sur la

place que j'ai sollicitée pour l'enfant d'un de vos con-
frères (Murville), homme de lettres et défenseur de la
patrie, pour la pension à Liancourt; je m'en veux beaucoup de vous importuner, citoyen, mais je regrette le
temps perdu de ce jeune homme, qui a déjà atteint sa douzième année, sans savoir ni A ni B... Sa mère aurait
peut-être bien des reproches à se faire de cette impar-
donnable négligence, elle qui avait tant d'esprit, de connaissance, de talents, etc., etc., etc.., Mais elle n'est
plus! Et en raison de l'absence du père, et aussi de mes
sentiments particuliers pour la mémoire de sa mère, que
j'ai tant aimée que je n'y puis penser sans sentir mes
yeux se remplir de larmes, je vous deviens importune !

« Oserai-je, citoyen, espérer de votre complaisance,
de votre obligeance accoutumée, que vous me donniez
des nouvelles sur ce que je vous demande, en y joignant
deux mots d'instruction sur ce que j'aurai à faire pour
l'enfant, soit pour son petit trousseau, soit pour la
manière de le faire parvenir à Liancourt; s'il faudra que
je l'y fasse conduire, ou s'il y a une marche générale
pour cette petite troupe.

« Que je voudrais bien qu'il vous prît envie de venir
dans mon canton, à ce pauvre petit manoir de Sophie;
vous y seriez le bienvenu, le bien reçu; vous n'y trouve-
riez plus joli visage, mais bon visage d'hôte ! Vous n'auriez pas repas somptueux, mais vous auriez de bonne
soupe aux choux, au lard, de bons légumes, du vin du
cru (un peu crud), mais de belle eau bien pure, bien lim-

pide, du linge bien blanc et un bon lit : voilà tout, le
tout donné de bon cœur, puisque ce serait celui de

« Sophie ARNOULD. »

*
* *

Nous ne savons plus de la vie de Sophie à cette époque
que ce qu'elle en dit elle-même dans les lettres suivantes,
adressées à Belanger :

« Du Paraclet-Sophie, ce 3 nivôse an V
(23 décembre 1797).

« Je ne vous répondrai que deux mots, aujourd'hui,
mes bons amis, et il faut qu'ils vous suffisent, dans ce
moment, pour vous exprimer la reconnaissance que j'ai
des sentiments tendres que vous me témoignez dans la
lettre dernière que j'ai reçue de vous, car ma santé n'est
pas assez bonne encore, ni mes forces assez revenues,
pour que je puisse entreprendre de vous en remercier,
comme je le sens et comme je le voudrais. J'ai été bien
malade, oui, pendant *cinquante-trois jours*, très mal...
mais surtout pendant *trente-cinq* *à l'agonie*. Eh bien !
mon bel ange, si le sort eût décidé de votre Sophie,
comme vous étiez sans cesse à sa pensée, elle eût conservé, par delà le trépas, le souvenir du tendre et sincère attachement qu'elle vous avait voué depuis ses plus
jeunes ans; mais enfin, puisque *le petit bonhomme vit
encore*, rien de changé dans les sentiments de votre toujours bien aimante Sophie.

« *P.-S.* — Mille choses de ma part à cette aimable
secrétaire; en la lisant, en la voyant, je sens *qu'il aurait*

été impossible à mon cœur, si elle ne fût pas devenue ma rivale, de devenir *le vôtre*, mais puisque le sort en a décidé ainsi, *nous sommes bien comme nous sommes*; que désormais les trois ne fassent qu'un; voilà déjà le mien qui a été prendre sa place dans les deux vôtres. Adieu, je le charge de vous embrasser de tout son pouvoir.

« Je voudrais bien vous voir, mon bel ange, mais je suis ici dans l'embarras d'arrangements, je voudrais occuper une chambre de mon grand bâtiment, et pour m'en procurer les moyens, j'ai loué pour ferme le côté du bâtiment que j'habitais; je vous dirai tout cela quand je pourrai avoir ma tête et moins de difficultés à écrire, car je tiens encore ma plume, comme Arlequin, barbier paralytique, tenait son rasoir.

« Remettez la visite que vous voulez me faire à ce printemps, et ce sera pour moi de beaux jours.

« Mille choses à tous mes amis, à Sainte-Foy, à Bougainville.

« Je te dirai que je suis bien contente de la conduite du comte de Lauraguais envers moi; il vient à mon secours d'une manière digne de lui. »

Sophie Arnould à Belanger, son meilleur ami,

« Du Paraclet, le 19 thermidor an VI
(6 août 1798).

« Eh bien! mon bel ange, vous ne me dites rien de votre visite à notre illustre ami, François de Neufchâ-

teau? Vous me croyez donc devenue indifférente à tout
ce qui vous intéresse? Vous avez un tort, vous avez deux
torts, vous avez trois torts, vous voilà comme le bonhomme Pincé. Si je n'avais pas été malade, et retenue
au lit depuis quinze jours par une maudite fièvre, éma-
née d'un catarrhe épouvantable, j'aurais été à Paris faire
moi-même votre commission, car j'ai toujours bon pied,
bon cœur pour mes amis. Adieu, je ne puis vous en
écrire plus long, la toux qui me persécute ne m'en permet pas davantage, je tousse de toutes mes forces; mais
je vous aime de tout mon cœur, et c'est bien plus fort
encore. Embrassez bien pour moi votre aimable compagne, et je vous rendrai, *foi d'animal, intérêt et principal.*

« SOPHIE. »

A Belanger,

Ce décadi 8 nivôse an VIII (29 janvier 1800).

« Ah! mon bel ange, mon ami, vous êtes donc toujours
le même pour la bonté, la générosité. Quel bon cœur! Je
vous remercierais bien, mon pauvre ami, mais quelles
expressions employer!... Elles seraient toujours au-
dessous de ma reconnaissance, non pour l'argent, mais
le procédé. Ah! combien vous faites de bien à mon
cœur; me voilà pour cent ans de bonheur, si j'avais à les
vivre. Consolez-vous, mon ami, j'ai encore quelques
sous et je n'ai pas besoin des deux louis que vous m'en-
voyez, dont je puis dire que vous vous dépouillez pour
moi, car je sais quelle est votre position aussi, mais je

garde *cette pièce* pour la mettre sur mon cœur et ne la
quitterai qu'à la mort. Je sais la devise que j'y mettrai,
ce sera ma relique. Bonjour, mon bel ange, mon bon
ange, mon véritable ami : croyez qu'il n'existe pas sur
terre un être qui vous soit plus tendrement attaché, et
plus inviolablement attaché que votre

« Sophie ARNOULD. »

« Au 24, je serai chez mes bons amis — chez toi, ta
femme, et donnez ce jour à mon bonheur. »

*
* *

Quelqu'un suggéra sans doute à Sophie qu'elle était
en droit de demander un « bénéfice » à l'Opéra, et elle
écrivit à Lucien Bonaparte pour solliciter cette faveur,
Mais Lucien était beaucoup trop absorbé par les plaisirs
pour donner quelque soin aux devoirs de sa charge ; il
fut d'ailleurs déplacé quelques mois plus tard et envoyé
comme ambassadeur en Espagne.

Voici la lettre de Sophie :

« Paris, primidy (1er) pluviôse an VIII
de la République.

« *Au ministre de l'intérieur, Lucien Bonaparte.*

« Citoyen ministre,

« Je me nomme Sophie Arnould, peut-être très ignorée de vous ; mais autrefois très connue au théâtre des
Dieux.

Je chantais, ne vous déplaise.

« Je ne voudrais cependant pas, citoyen ministre,

user de votre temps, vous ennuyer d'un long préambule
pour vous tracer mes vingt-six infortunes.

« J'avais déjà pris la liberté d'adresser une plainte à
notre premier consul; mais je viens d'être avertie par
un journal qu'il n'en devait connaître que par vous,
mon *ministre*;... et je me suis dit : Sois contente,
Sophie; va! c'est un cœur de famille, conte-lui ta chance;
et la voici tout comme je l'ai dit à votre aîné. Dès mes
plus jeunes ans, et sans y être destinée autrement que
par le hasard qui gouverne tant de choses!... vingt
années de ma vie ont été consacrées au théâtre des Arts,
où quelques dispositions naturelles, une éducation soignée, de l'instruction, le tout cultivé, appuyé des conseils des gens de goût, savants, artistes, enfin, de gens
justement célèbres : quant à moi, j'avais alors, pour
recommandation, un physique heureux, une grande jeunesse, de la vivacité, de l'âme, mauvaise tête et bon
cœur. Voilà sous quels auspices j'ai été assez heureuse
pour illustrer ma vie, et obtenir, avec une sorte de célébrité, gloire, fortune, et beaucoup d'amis. Hélas! aujour-
d'hui la chance est bien tournée; quant à la célébrité,
mon nom est encore cité avec un peu d'éloge avec ceux
de Psyché, Thélaïre, Iphigénie, Églé, Pomone, en un
mot, au théâtre des Arts... Quant aux amis, je puis dire
que je les avais si bien mérités, que je n'ai perdu que
ceux que la mort m'a enlevés, et ceux dont la hache
décemvirale m'a privée; il n'y a donc que cette incons-
tante fortune qui, sans rime ni raison, m'a fait faux
bond... et dans quelle circonstance encore! lorsque je
suis devenue trop vieille pour l'*Amour* et trop jeune

pour la *Mort*. Voyez donc, citoyen ministre, combien il
est cruel, après tant de bonheur, de se trouver réduite à
un état si misérable, et, après avoir allumé.tant de feux,
de n'avoir pas aujourd'hui de quoi brûler un fagot dans
ma cheminée; car le fait est que depuis que la nation
m'a couchée sur son grand livre, je n'ai plus ni où coucher, ni de quoi vivre : je ne demande pas la richesse,
assurément, mais le nécessaire pour achever encore ma
vie, et éviter une vieillesse malheureuse; j'ai de grosses
charges, parce que, dans les temps fortunés de ma vie,
j'étais le soutien des infortunés de ma famille, cela devait
être; mais ma pauvreté ne leur rend pas la richesse.
Enfin, citoyen ministre je vous demande de venir à mon
secours et de me continuer ceux que mon ami,
François de Neufchâteau, devenu ministre, m'a procu-
rés : je dois cet hommage à son cœur.

« Dans l'état des secours qu'il donnait aux autres
artistes, j'étais comprise pour une somme de *deux cents
francs par mois*. Daignez me la continuer; j'aurais
bien encore une grâce à vous demander et dont la faveur
a pour exemple ceux de mes camarades vétérans, auxquels elle a été accordée : c'est une représentation à *mon
profit* au théâtre des Arts; mais s'il est vrai, comme on
dit, qu'il faille que je me charge d'un rôle principal, que
je me déguise en Thélaïre, Iphigénie, etc., etc., etc. Oh!
cela est impossible : ce serait me rendre aussi ridicule
que Mme Turcaret :

En Vénus! ma chère! En Vénus!

« Enfin, citoyen ministre, j'attends de vous tout ce
que j'ai droit d'en obtenir, tout ce que le malheur attend

d'une âme bonne et sensible comme la vôtre ; vous êtes
bien jeune pour me connaître, mais beaucoup de vos
amis, de savants, de gens de lettres, d'artistes qui vous
entourent, composaient autrefois ma société ; ils vous
diront ce que c'est que Sophie... Mais tels mérites qu'ils
me donnent, ils ne vous diront pas assez, s'ils
n'expriment, comme je le sens, les sentiments d'admiration, d'amour et de respect profond dont je suis péné-
trée pour ma patrie, nos lois et vos vertus.

« Sophie ARNOULD. »

Un peu plus tard, Sophie écrit à ce ministre une nouvelle lettre.

Sophie Arnould, au citoyen ministre de l'intérieur,

« Citoyen ministre,

« Je vous salue et vous remercie de ce que vous venez
de faire pour mes camarades et pour moi! tous *pauvres*
vétérans du théâtre des Arts, en assurant, d'une manière
stable, le payement des deux cents francs par mois de
secours provisoire, qui nous avaient été précédemment
accordés : il ne nous reste plus qu'à vous supplier de
mettre le comble à cette faveur, en *signant* les états qui
nous l'assurent et dont le Trésor a besoin pour les
acquitter.

« Quant à la seconde demande, qui m'est personnelle
(de la représentation à mon profit au théâtre des Arts), à
laquelle vous vous êtes refusé, citoyen ministre, j'atten-
drai, ainsi que vous me le faites présumer, des temps
plus heureux pour ce spectacle, et sûrement alors la

ridicule entrave qui existe, de paraître en personne à une telle représentation pour l'obtenir, n'existera plus.

« Salut et respects profonds,

« Sophie ARNOULD.

« Ce mardy, 19 ventôse an VIII de L. R. F. (10 mars 1800). »

Mais pour obtenir le payement du secours qui lui avait été accordé, Sophie devait écrire à Cellerier, administrateur du théâtre des Arts.

« Du Paraclet-Sophie, commune de Luzarches, département de Seine-et-Oise, ce 17 messidor an VIII (6 juillet 1800).

« Vous m'avez promis, mon aimable et très ancien ami, vos services, vos bons offices relativement à mes intérêts, et je les réclame, car je me trouve dans une position si gênée, que je suis obligée de vivre comme une pauvre malheureuse, de me *cazanier* et de me priver de tout. Vous savez, mon ami, qu'il me reste dû sur le secours provisoire que je reçois présentement à la caisse de l'Opéra les deux mois arriérés, ventôse et germinal ; vous devriez bien faire en sorte de me les faire payer ensemble, cela me profiterait mieux que par bribes, comme cela se pratique.

« Eh ! mon Dieu, mon ami, que je suis fâchée de vous importuner pour cette vilenie-là ;... voilà ce que c'est ! si je n'avais pas joui de tant de richesses autrefois, de tant de considérations qui font le charme de cette vie, je ne me trouverais pas aujourd'hui si malheureuse et si pauvre; mais! vieillir ainsi dans le besoin, dans la misère, et être condamnée à toutes les privations, c'est bien mal achever sa vie! Si je pouvais chanter encore, je chanterais bien, comme Lise, dans je ne sais quelle pièce de cette comédie italienne :

> Ça ne devait pas finir par là,
> Puisque ça commençait comme ça.

« Ah! mon ami, il vous souvient peut-être encore de ce temps-là, c'était le bon temps, au moins! Il y avait des esclaves à la vérité, mais ils étaient les nôtres, au lieu qu'aujourd'hui nous n'avons que des cochons; et tenez, mon ami, soit dit entre nous, je n'aime pas du tout ce genre, je n'y trouve pas le mot pour rire; tout ça ne vaut rien, tout ça me déplaît à un point que je ne puis exprimer.

« Je sais bien que quand on n'a pas ce que l'on aime, il faut aimer ce que l'on a; mais je n'ai rien, ayons de l'argent au moins!

« C'est ce que je vous souhaite, mon ami; c'est aussi ce que je vous demande, ainsi soit-il; sur ce, je vous salue et vous embrasse d'aussi bon cœur que je vous aime.

« Sophie ARNOULD.

« *P.-S.* — On dit dans nos hameaux que Bonaparte est de retour à Paris; partant, que la gloire et le bonheur le suivent! Écrivez-moi, mon ami, répondez-moi, fût-ce un refus; au moins votre lettre charmera mes ennuis, car une vieille bergère n'a pas beaucoup de quoi s amuser. »

Au mois d'avril 1801, Lucien Bonaparte cède la place à Chaptal et la pauvre solliciteuse s'adresse aussitôt à lui.

Sophie Arnould au citoyen Chaptal, ministre de l'intérieur.

« Citoyen Ministre,

« Je le vois bien, *promettre*, pour vous, c'est *donner*; j'ai déjà ressenti les bons effets de vos bontés pour moi; il est doux pour mon cœur d'avoir à vous en témoigner ma reconnaissance. Mon esprit serait bien plus embarrassé que mon cœur, si vous ne vouliez pas être l'interprète de mes sentiments; en cette occasion, vous avez promis à *nos amis de me continuer vos bontés, de ne pas perdre de vue la pauvre Sophie*; j'y compte... Vous m'apprenez trop bien à ne pas douter de vos promesses; je vous dirai seulement sur mes besoins, citoyen ministre, *qu'il y a urgence...* J'attends le moment où je pourrai vous voir pour vous témoigner de vive voix les sentiments de ma reconnaissance, ainsi que de la parfaite considération que j'ai pour vous.

« Sophie ARNOULD. »

⁎⁎

A Belanger.

« Du Paraclet-Sophie, ce 6 nivôse, an IX (27 décembre 1800).

« J'ai reçu une lettre de vous, mon bel ange, bonne, douce, aimable comme vous, qui a mis la joie dans mon

cœur, par des témoignages d'attachement que vous m'y
donnez, qui non seulement me donnent courage à supporter la vie solitaire et les privations auxquelles je me
vois forcée par la perte de ma fortune, suite fâcheuse du
malheur des temps et des circonstances et des événements si horribles, si multipliés vers la fin de notre
siècle, etc., mais encore vous y faites renaître dans mon
cœur la consolante espérance. Enfin, j'ai été heureuse,
j'ai répondu à votre lettre dans le même moment, en
vous remerciant bien de l'envoi des deux livres que
vous m'y annonciez et que j'ai reçus aussi... Tout cela
est bel et bon, mais ! il y a déjà quelque temps de cela,
et l'ennui me prend de n'avoir pas reçu de vos nouvelles depuis ; et l'événement qui vient d'arriver à Paris
me rend encore plus urgent le besoin d'en savoir ; ainsi,
mes amis, donnez-m'en. J'envoie exprès ma femme de
chambre chez vous, pour m'en rapporter de plus certaines ; je ne vous demande autres nouvelles, que des
vôtres... et s'il ne vous est rien arrivé, si le hasard ne
vous a pas attirés, ainsi que vos affaires, dans le quartier où est arrivée cette abominable catastrophe ; s'il
n'est personne de mes amis, des vôtres, de victimes !
Ah ! bon Dieu, quels gens abominables !... Quel expé-
dient contre un seul homme, eh ! quel homme encore !...
auquel nous devons la paix, le bonheur dont nous jouis-
sons ; tenez, mes amis ! j'enrage de mon impuissance
contre de tels scélérats : mes fils, aux armées, mon hussard vient bien de nous venger à l'armée du Rhin contre
les Autrichiens. Lui et ses compagnons d'armes, s'entend ! viennent de leur faire mordre la poussière ; dans

la dernière affaire qui s'est passée à Hébétenden et
Malskerden, passé le défilé de Saint-Christophe, ils ont
pris à ces cruels ennemis un parc d'artillerie de 87 pièces
de canons et 200 caissons pleins de munitions; leur
perte en hommes est de 16 à 17.000 hommes, tant tués
que blessés et prisonniers, et sans exagération! car le
commandant de la place de Munich, à ce qu'ajoute Brancas, où ont été emmenés les prisonniers, en a déjà
compté lui-même 9.800, et tous les jours on en amène
de toutes parts. Les bois sont pleins de gens, de chevaux
égarés, et qui ne savent où aller, les chemins sont jon-
chés de leurs cadavres et de leurs blessés; on n'a pas
assez de voitures pour transporter ces derniers. De notre
côté, Brancas évalue la perte à 3.000 hommes; il
m'ajoute : *Ce n'était pas une bataille, c'était une bouche-
rie.* Charlot, notre prince de Ligne, est pour la troisième
fois de sa façon du nombre des prisonniers; c'est un
petit service d'ami, apparemment, qu'il a dû rendre à
notre ami,.. mais chut! point de plaisanterie! Taisez-
vous, Sophie, *d'autres temps! d'autres soins!* — Au
demeurant, *pour en revenir à nos moutons!* les ennemis
ont perdu deux généraux et deux prisonniers. Notez
encore notre brave hussard, qui peut dire comme La
Rissole du « Mercure galant » : « *J'ai même à leur mort
un peu contribué.* »

« Notez que toute cette perte des ennemis tombe sur
les meilleures troupes et soldats d'élite, tous bataillons
de grenadiers! Ils venaient nous attaquer et nous aussi;
nous étions nous autres sur la droite (le 9ᵉ de hussards),
où · nous avons bien attaqué, bien défendu, avec de

grands succès, sans perte, sur les hussards de Granitz,
troupe tant aguerrie, tant renommée, etc., etc., etc.

« Je vous embrasse bien tendrement; séchez vos
pleurs, ma tendre et bonne mère, faites part, je vous
prie, de cette grande et bonne nouvelle à tous vos amis.
Comme vous mettez toujours le citoyen Belanger à leur
tête, ainsi que son aimable et spirituelle épouse, char-
gez-vous en même temps de me rappeler à leur souvenir, amitié bien tendre au mari, mes respects et mes
hommages à la femme, et, si vous voulez, un tantet de
ressouvenir du hussard aux aimables femmes de leur
société. — C'est dit, le papier me manque, et je n'ai
plus que la place que je voudrais occuper dans votre
cœur, pour vous dire que vous comptiez jusqu'à son
dernier soupir sur celui de votre bien aimante Sophie.

« *P.-S.* — Mme Belanger devrait bien me donner plus
souvent de ses nouvelles! Elle, qui a si bon cœur, ne
doit pas oublier les malheureux. »

Un rayon de soleil vint enfin percer les ténèbres dans
lesquels la pauvre Sophie était plongée. François de
Neufchâteau se souvint de ses bons offices et de l'accueil qu'elle lui avait fait à son arrivée à Paris. Il lui
offrit un appartement dans l'hôtel d'Angivilliers, et
une pension de 200 francs par mois.

Elle abandonna alors Luzarches et vint à Paris où elle
vécut les derniers mois de sa vie. Elle ne pouvait d'ailleurs trouver que là les avis et les soins nécessaires à

sa maladie. C'est de Paris que désormais elle écrit à Belanger.

« Paris, ce 13 floréal an IX (3 mai 1801).

« Que vous êtes donc bons, mes amis! Que vous êtes bon, mon bel ange! Quel bon cœur! Que je me sais gré de la préférence que vous avez toujours eue dans le mien sur tout ce qui existe au monde. Si vous saviez combien je suis sensible à vos offres si obligeantes. Oh! toi qui savais si bien lire dans mon cœur! toi qui savais si bien m'entendre, je laisse à ton cœur le soin de deviner le mien, il est toujours le même pour toi; de tout moi, tiens, mon ami, il n'y a que ma gaîne de changée, ma santé est toujours bien dolorée. Les savants Esculapes, Pelletan de l'Hôtel-Dieu et Boyer de la Charité ont fait leur visite et trouvent que j'ai à avoir courage et constance.

« Le docteur Michel doit suivre cette cure, et nous verrons! Me voilà comme le Valcin des « Fausses infidélités », *j'attends*; c'est bien cher pour une fille de cœur, quand la paix s'annonce si bien dans nos Pays-Bas, de voir l'ennemi venir s'établir dans les siens.

Ça ne devait pas finir comme ça.

« Eh! Sophie méritait un meilleur sort... Encore la pauvre bête... mais bernique... eh bien! quand je m'en désolerais! à quoi cela m'avancera-t-il? Ma foi, je prends mon parti en brave, au bout du fossé la culbute. Quoi

qu'il en soit, je vais me soigner et guérir, si c'est le bon
plaisir de ces messieurs.

« J'accepte ce que vous me proposez, mes amis, et au
besoin je vous le demanderai, puisque vous en ordon-
nez ainsi. Portez-vous bien, aimez-moi toujours, c'est le
spécifique le plus souverain que je connaisse à mes
maux : quel bonheur plus grand d'être aimé de ce qu'on
aime, moi je vous aime et scelle cet aveu d'un baiser
bien tendre.

« Sophie ARNOULD.

« *P.-S.* — Je n'ai pas vu encore le beau, le bon Vigier,
il m'a promis de venir me voir, et j'y compte. Comme
je garde la chambre, je compte bien vous voir, mes amis,
le matin ou le soir, quand vous en aurez le temps, car je
sais combien vos occupations sont grandes, et qu'au
temps où on ne devrait avoir à penser qu'à son repos,
il faut travailler pour dire : *Ah! c'est bien gentil, ça!..,*
moi, je vais travailler à raccommoder mon cuvier,
puisque les dieux en ordonnent ainsi ; cela ne me ser-
vira pas à grand'chose... mais enfin, on ne sait ce qui
peut arriver. La fin de ce siècle a été si féconde en
miracles que le commencement d'un autre peut avoir
aussi ses prodiges. Allons, bonjour, bonjour, mon
pauvre***, je t'aimerai jusqu'à la mort et je veux vivre
encore bien longtemps. Couche toujours bien avec ta
femme, car c'est de discontinence que j'ai mon mal...
on ne s'en serait pas douté, n'est-ce pas? Eh bien, c'est
peu certain comme ça que je guérisse, et nous verrons... »

*
* *

A Belanger.

« Paris, ce 11 prairial an IX (31 mai 1801).

« Bonjour, mes bons amis. J'ai toujours des douleurs cruelles ; mais les remèdes me font des miracles !... Ainsi, il n'y a que courage à avoir, disent mes Esculapes. Ce qui m'en donne plus que tout au monde, c'est de me savoir aimée de vous, et que la vie que je cherche à conserver vous intéresse !... Aimez-moi toujours et ne me plaignez plus tant, car je suis heureuse en ce moment : je viens de recevoir une lettre de mon hussard, de mon Constant, de ce fils tant chéri par moi, et qui mérite si bien toutes mes tendresses. Et comme s'il eût deviné toutes vos bontés pour moi, quels amis j'ai entre le mari et la femme, il me dit des choses si particulières pour vous, il me charge de le rappeler à votre souvenir d'une manière si distinguée, avec des expressions si amicales, si tendres que je ne peux les exprimer. Tenez-vous donc pour dit, mes amis, que jamais il n'y a eu de sentiments plus tendres pour vous que ceux du fils et de la mère.

« Sophie ARNOULD.

« P.-S. — Si les douleurs ne me faisaient pas quitter la plume aussi souvent, j'en aurais bien plus long à vous dire, mais ces dames sont impérieuses et il faut leur obéir. Cependant, je ne puis passer sous silence les hommages et les témoignages de respect et d'attachement qu'il a voués à Mme de Breteuil. »

.
. .

A Belanger.

« Paris, ce 14 thermidor an IX (2 août 1801).

« Bonjour, mon bel et bon ange, bonjour, comment
vous va tous deux, ta femme et toi? Je ne vous demande
pas : êtes-vous heureux? Car, qui l'est, ou qui peut
l'être par le temps qui court? hormis les fripons, les
gueusards, les insouciants! Je me borne donc à te demander des nouvelles de vos santés, auxquelles je prends
plus d'intérêt qu'à ma vie... A propos de santé, vous
m'en gronderiez bien fort, je pense, si je ne vous don-
nais pas des nouvelles de la mienne. Eh bien! elle continue à mieux aller; la tumeur diminue sensiblement,
quoiqu'il s'en faut encore qu'elle soit à sa fin; elle était
si considérable aussi, que je regarde comme un miracle
l'opération avantageuse qu'ont produite les remèdes. Je
suis présentement à mes 72 grains (ou 2 gros) de cet
extrait de ciguë : les lotions, fumigations, injections,
trois et quatre fois par jour, selon que les douleurs me
commandent!... Mais c'est un rude métier dont je voudrais bien être quitte; ajoutez à cela les médecines de
traverse qu'il faut prendre pour servir de balais aux
ordures que l'on veut chasser du corps, etc., etc., etc.
Ah! mon Dieu! ce que c'est que de nous, mon ami, je
t'assure que je me serais bientôt dispensée de ces soins
pénibles, si je n'étais pas attachée à la vie par les sentiments de la tendresse maternelle, pour mon Constant,

et par la plus tendre amitié à deux ou trois amis, dont
tu seras toujours des premiers nommés par mon cœur.
Je ne sais, mon ami, si tes gens t'ont dit que je t'avais
renvoyé, il y a à peu près huit jours, quinze bouteilles
(vides, s'entend) que tu m'avais envoyées pleines, ce
qui veut dire que je n'en ai plus d'autres; cependant je
m'en passe fort bien; en vérité, il m'en faut si peu que
je ne veux pas te gêner ni être importune sur cet article,
d'autant qu'aussitôt que j'aurai reçu quelque argent de
ce ministère de l'intérieur (où ils ne me payent toujours
pas; ils me font tirer la lanière comme si je leur deman-
dais l'aumône), je ferai l'acquisition d'une feuillette de
vin de Mâcon, que j'aime assez, et qui suffira pour ma
fourniture de l'année, puisque j'ai été si maltraitée dans
ma fortune qu'il ne me reste pas de quoi traiter un
chat...

« J'attends mon fils Constant; une lettre que j'ai reçue
du citoyen Noël, préfet à Colmar, où le régiment de
Brancas est en cantonnement, me l'annonce. Je ne sais
si les bruits qui courent de cette descente en Angleterre
et les préparatifs qui se font avec vigueur ne changeront
pas ce projet; car notre hussard est toujours très
empressé de se battre pour sa patrie, et d'aller où il
espère de la gloire; en tout cas, s'il vient à Paris, vous
serez bien sûrs que son premier soin sera d'aller vous
renouveler, mon cher Belanger, les sentiments d'amitié,
d'attachement qui règnent pour vous dans son cœur,
depuis sa plus tendre enfance.

« Je ne puis plus vous parler de la sœur de Constant,
mon cher ami. puisqu'elle n'est plus, mais je vous par-

lerai de la fille de cette chère défunte. J'ai vu M. Vigier qui m'a dit et assuré que bientôt il me débarrasserait de cet embarrassant personnage... il a reçu la procuration qu'il attendait, et il allait accélérer son départ, ce que je désire *bien* vivement et depuis longtemps ; je compte les moments où m'arrivera cette bonne aventure.

« M. Vigier m'a fait pressentir qu'il n'avait pas d'argent pour me donner en ce moment, à quoi j'ai répondu avec empressement : *Eh! qu'à cela ne tienne, pourvu que vous en ayez pour la faire partir de suite.* Tu m'obligeras, mon ami, de presser ce bien aimable homme d'accélérer ce départ. Comme cette petite fille est à Luzarches, il serait nécessaire de savoir au juste le temps de ce départ pour la faire trouver, à point nommé, à la voiture qui doit la ramener à son père ; c'est à quoi je te prie de veiller. Je te prie aussi d'envoyer le plus tôt possible prendre le meuble de Perse qui est chez moi, et destiné par moi pour ce cher Santeny, et cela de convention faite aussi avec ta chère femme ; je te presse sur cela, parce que j'ai fait revenir quelques meubles de ma chaumière et un lit que je place dans mon salon, ici, pour mon pauvre hussard, s'il vient à Paris, afin de l'avoir le plus près de moi que je pourrai. Si tu as quelques vieilles chaises de trop, tu me les enverras, ou fauteuils, le tout pour la commodité, ayant renoncé depuis longtemps à Satan, à ses pompes et à ses œuvres. Allons, voilà bien une longue lettre, mais c'est toujours comme cela, quand on écrit à quelqu'un qu'on aime, on n'en finit pas et on a toujours cent mille riens à se dire. Adieu, je t'embrasse, j'embrasse ta femme et je t'aime.

« Sophie ARNOULD.

« Bien des amitiés à ta belle voisine. »

De temps en temps, Sophie variait un peu sa correspondance en écrivant à Mme Belanger.

A Madame Belanger.

« Paris, 8 fructidor an IX (26 août 1801).

« Mais que devenez-vous donc, bons amis, que je n'entends plus parler de vous? Si j'avais des jambes, au moins, ou les moyens d'y obvier, moi, je courrais après vous. Venez donc me voir, vous, mon aimable amie. J'ai tout plein, tout plein de choses à vous dire. D'abord, attendez-vous à ne pas me retrouver où vous m'avez laissée, c'est-à-dire dans ce grand appartement du premier, maison d'Angivilliers. Je suis à l'étage au-dessous, c'est-à-dire à l'entresol, no 11, toujours par le même escalier. Je vous dirai le pourquoi de tout cela et les motifs, etc., etc., etc. Le local est plus petit, moins dispendieux à habiter, partant plus convenable à ma détresse actuelle. Voilà une de mes raisons; l'autre, ou les autres, tiennent au plaisir d'obliger une femme aimable et faite pour illustrer son nom par ses talents, c'est Mme Benoist. Elle est jeune, aimable, spirituelle;

elle est mère de famille et femme de talent. Je vous dirai le reste verbalement, etc.

« Cet appartement, que j'occupe présentement, étant beaucoup plus petit que le précédent, il faut que vous me fassiez le plaisir de me débarrasser de ce meuble de Perse, que nous étions convenus déjà de faire porter à votre campagne, et ni vous ni moi n'aurons à nous occuper à le remplacer, parce qu'une demi-douzaine de chaises de paille en feront l'affaire aujourd'hui... Ce qui m'embarrasse bien davantage, c'est cette Clémentine, dont l'ami Vigier ne s'empresse guère de me débarrasser. Je vous prie, mes bons amis, d'engager, de presser le vôtre de me tenir sa promesse le plus tôt possible. Si M. Vigier n'a point d'argent à me donner, il ne m'en donnera pas ; mais qu'il ait la bonté, au moins, de m'épargner celui que je dépense journellement pour cette petite fille, qui ne laisse pas d'augmenter mes charges dans la position si gênée où je suis. C'est une pension qu'il faut avoir de quoi payer tous les mois ; c'est l'entretien, qui ne laisse pas d'être considérable, en raison de son peu de soin, de propreté, d'arrangement, etc., etc., etc. Voyez donc, mes bons amis, à avoir un peu de pitié pour votre pauvre

« Sophie ARNOULD.

« Un mot de réponse, ne fût-ce que pour me dire où vous êtes, ce que vous faites et comment vont vos santés.

« *P.-S.* — Mille amitiés de ma part à votre aimable voisine, Mme de Breteuil.

« J'attends son *constant* adorateur, notre brave hussard. Il se fait une grande fête d'aller vous baiser les mains, aussitôt qu'il sera dans la bonne ville de Paris. Ville n'est plus le mot, c'est Commune. Eh bien ! va pour commune. Mais il ira chez vous, qui êtes des amis qui ne sont pas des *communs*. »

On remarquera que durant toutes ces années de pauvreté et de détresse qui furent les dernières années de Sophie Arnould, on n'entend plus parler du comte de Lauraguais. Elle avait été pour lui plus qu'une maîtresse et lui avait donné quatre enfants. Elle l'avait aimé profondément et sincèrement, et n'aurait pas cessé de lui vouer toute sa tendresse si ses violences, son inconstance et ses excentricités ne l'avaient refroidie.

Pourtant elle ne l'oublia pas complètement. Elle se souvenait de ces jours où le poète Dorval l'avait charmée et conquise, et revivait encore ce temps où chaque baiser qu'il lui donnait était payé de mille larmes.

Il peut donc sembler étrange qu'il ne lui ait été d'aucun secours dans sa misère, bien que le fait puisse cependant trouver son explication. Le comte n'avait jamais été *persona grata* à la Cour, ni sous Louis XV, ni sous Louis XVI, et, toujours en disgrâce, avait été souvent en exil. S'il n'avait été qu'un simple citoyen, nous l'aurions sans doute trouvé parmi les chefs de la Révolution, du moins à une certaine époque, mais son indécision de caractère ne l'aurait maintenu que peu de temps à cette place. Son antipathie contre la Cour sauva peut-

être sa tête pendant les orages révolutionnaires, mais il
était aristocrate, bien que d'un esprit des plus libéraux,
et il perdit tous ses biens.

Après la Révolution il se retira à Manicamp, dans le
département de l'Aisne, où il acheta ou loua une petite
ferme. Il avait déclaré en 1783 qu'il ne voulait plus
aimer « que les arbres et sa vieille amie Sophie », et en
1798 il l'invitait à partager sa retraite.

Sophie était incapable d'accepter cette offre. Elle avait
obtenu, Dieu sait au prix de quelles difficultés, une
petite pension du Gouvernement, et, tandis qu'elle se
trouvait à Paris, elle pouvait, à force de démarches per-
sonnelles et par l'intercession de ses amis, amener le
Ministre à tenir ses engagements, mais elle savait bien
qu'une fois absente de la capitale elle serait vite oubliée
et n'entendrait plus parler de rien.

Elle était venue à Paris, en 1797, et, plus pauvre que
jamais, avait dû prendre logement dans la rue du Petit-
Lion, au-dessus de la boutique d'un barbier. C'est là que
la trouva François de Neufchâteau quand il se souvint
de ses promesses restées depuis trois ans sans effet, et lui
offrit un logement dans son hôtel. Peut-être trouva-t-elle
que sa présence pouvait y être importune et se sentait-
elle un peu dans la situation d'une pensionnaire car elle
quitta l'hôtel du ministre quelques mois plus tard pour
l'hôtel d'Angivilliers. Elle y occupa d'abord un appar-
tement·assez vaste, puis un plus petit mais assez confortable.

C'est de là qu'elle écrivit au « citoyen Brancas Lauraguais, propriétaire et fermier », pour l'inviter à venir

la rejoindre puisqu'elle ne pouvait aller vivre avec lui.

La première partie de sa lettre roule sur la politique.

« Je ne sais, lui dit-elle à ce sujet, si dans cet article vous y lirez bien clairement que le lieu que vous devez habiter et le seul habitable pour vous, est Paris ; il faut de l'argent, direz-vous, mais vous en aurez *un peu* et puis moi *un peu* aussi. Nous n'aurons pas de dépenses bien fortes à faire. Point de loyers à payer : il y a le déjeuner du matin ; à dîner ! nous irons chez nos amis, nous serons discrets chez eux et très sobres chez nous. J'ai aussi du bois au Paraclet, dont je ferai amener une partie ici ; vous avez dit à ce sujet tout ce qu'il y avait à dire, et si bien, avec tant d'esprit et de grâce, qu'il ne me reste rien à dire que de vous en remercier. Pour en revenir à nos moutons, sur les moyens de vivre, eh bien, mon Dorval, nous nous aiderons l'un l'autre, nous prendrons nos modèles dans Baucis et Philémon….

« Si j'avais eu tout mon logement, j'aurais été plus pressante sur l'offre que je vous fais d'y venir, mais cela ne peut plus tarder à présent, c'est peut-être encore l'affaire d'une huitaine de jours ou d'une décade au plus, pour parvenir à y être arrangée, pour vous y préparer tout ce que je pourrai procurer à vos besoins, à votre mieux être : c'est une chambre bien belle, bien grande, bien aérée, bien située, où vous serez seul et libre, porte et escalier à vous seul, un bon lit et sièges propres et commodes, une grande table pour vos papiers à écrire, etc. Enfin, j'espère que vous ne serez pas mal ; il

y aura pour le reste tout ce qu'il faut; j'ai pour me servir une femme seule, d'une trentaine d'années, point
mariée, pas trop entendue, mais qui travaille et me
sert; les entendues ne sont que des intrigantes, etc. ;
c'est ce qu'il faut éviter à présent et pour cause... Mais,
mon ami, ne soyez pas inquiet pour vous, c'est moi qui
vous servirai et je dirai toujours :

« Oh! qu'on est heureux de déchausser ce qu'on aime.

« Adieu, je vous manderai, aussitôt que j'aurai mon
logement; ça ne sera pas long, mais point de raison
alors pour ne pas venir; adieu. »

Lauraguais n'accepta pas l'invitation, probablement
parce qu'il sentit qu'il se laisserait entraîner à se mêler
aux intrigues politiques et se verrait engagé dans des
difficultés nouvelles[1]. Il vint cependant voir sa vieille
amie, comme le prouve l'anecdote suivante, quelques
mois avant sa mort, et tandis qu'elle jouissait encore
d'un peu de force et d'énergie.

Quelques années après la mort de Sophie Arnould,

---

1. Lauraguais survécut à Sophie plusieurs années. Il mourut à
plus de quatre-vingts ans. Quand Louis XVIII monta sur le trône,
il fut élevé à la pairie, mais ne put s'empêcher d'avoir un mépris
très profond pour un grand nombre de ses collègues, nouvelle-
ment créés et qui ne pouvaient, comme lui, se réclamer d'une
haute origine. Un jour, l'huissier de la chambre appelait les noms
des membres et arriva à celui du duc de Brancas. Pas de réponse.
« Pas encore arrivé », dit-il, et il passait outre, quand le vieux
duc entrant au moment même : « Pardon, Monsieur, il est
arrivé, mais il n'est pas *parvenu*. »

trois auteurs dramatiques annoncèrent la représentation
d'une nouvelle pièce intitulée : *Les Amans sans jambe,
ou les amis de Mlle Arnould*. La pièce avait pour texte
une anecdote de la vie de l'actrice. Envoyée pour vingt-
quatre heures au Fort-l'Évêque, pour une réponse inso-
lente au lieutenant de police, elle rencontra dans la prison un père de famille arrêté pour dette. A sa sortie,
elle organisa une loterie à cinq louis le billet pour une
prétendue chaîne d'or. Avec l'argent ainsi obtenu, elle
fit sortir le vieillard.

Ce fut donc au sujet de cette pièce qu'une correspondance fut échangée entre les auteurs et Lauraguais qui
ne voulait, pour rien au monde, avoir un rôle dans ce
vaudeville. Dans une de ces lettres, il écrit :

« Quelqu'un qui aime que l'esprit soit courageux, et
qui admirait le courage et l'esprit de Mlle Arnould dans
sa maladie, M. D..., pensa qu'il pourrait diminuer les
douleurs de son corps en l'occupant fortement. Séduit
par cette espérance, j'essayai de séduire aussi
Mlle Arnould. Nos aventures, lui dis-je, courent depuis
beaux jours dans plusieurs recueils du temps ; notre
histoire sur l'ennui dont ce pauvre prince d'Henin vous
faisait mourir, une plainte en justice contre cette espèce
d'empoisonnement, l'importante dispute sur le pas, entre
le carrosse de Mme Barentin et mon fiacre, qui recula
pourtant dès qu'elle lui montra sa figure, et puis tous
vos tours, ma bonne amie, tout cela est gâté. Des
peintres nous ont déjà défigurés. Que sait-on ? Peut-être
un jour des sculpteurs nous casseront-ils les jambes !

Conservons ce qui nous reste, donnons nos mémoires...
Nous mourrons tous deux de vos douleurs ; tâchons de
les vaincre, faisons un roman ou bien un vaudeville ;
cela vaudra bien les aventures de l'abbé de Laigre. Rions
de nous-mêmes, puisque nous ne pouvons plus rire des
autres. Vous avez eu beau me dire que toutes les gentil-
lesses que vous avaient écrit Favart, Collé, Marmontel,
Rulhières, Chamfort, et mes lettres, ont été brûlées en
93... Tâchons de nous en ressouvenir, écrivons d'abord,
quitte à nous brûler après nous-mêmes, si nous sommes
mécontents de nous. — Mon ami, me dit-elle, je suis
contente de ce que vous me proposez. Ce que j'avais
recueilli, fait et conservé est perdu[1]. Mais, quoique votre
infâme neveu me prive de tout, en ne vous laissant plus
rien, et quoiqu'on m'ait offert une ressource, en me proposant mes mémoires, je l'ai refusée. Si nous les avions
faits, et que je les eusse, je les brûlerais devant vous.
Parmi les puissances du jour, j'ai eu dans mon antichambre des manières de beaux esprits, auxquels je
donnai des souliers pour marcher, et des culottes parce
que je croyais leur derrière vilain. J'ai pensé dans ma
maladie devoir anoblir les services qu'ils pouvaient me
rendre, en leur rappelant un peu les services qu'ils
avaient acceptés de ma part. Les ingrats.., je ne puis
supporter l'idée d'amuser ces vilaines bêtes... Voilà,
Messieurs, les paroles de Mlle Arnould. Je ne sais pas
comment les tourner en vaudeville. »

---

1. Ceci n'est pas exact, à moins de supposer que les fragments
des *Mémoires* de Sophie Arnould ne sont pas d'elle.

* *

La triste fin d'une vie si brillante approchait. Le dénuement, la faim, les anxiétés morales avaient à ce point détruit la santé de Sophie Arnould qu'il est probable que sa vie en aurait été abrégée si même tous les soucis qui l'accablaient lui avaient été ôtés. Pour ajouter à tous ses tourments, une chute lui occasionna un squirrhe au rectum. Elle dut horriblement souffrir, supporter plusieurs opérations douloureuses, et cela sans succès.

Bien qu'elle ne fût plus alors dans une détresse aussi grande, elle souffrait cependant encore du manque d'argent. Lucien Bonaparte lui avait promis une représentation à bénéfice à l'Opéra, mais il avait retiré son autorisation en lui annonçant qu'il lui accordait une gratification de 6.000 francs. Elle ne reçut qu'une partie de cette somme et, comme le reste ne venait pas, elle dut prier Belanger d'écrire au ministre, ce qu'il fit le 11 messidor, an X (30 juin 1802), dans les termes suivants :

« Citoyen ministre, je vous fais cette lettre à vous seul. C'est auprès du lit de la célèbre Arnould expirante[1]. Cette femme meurt privée des secours que son état de détresse ne lui permet pas de se procurer. Vous

---

1. Sophie vécut encore quatre mois après cette date.

lui aviez accordé une représentation à son bénéfice au théâtre des Arts; des gens obligeants lui en avaient offert 1.200 francs. Vous aviez ensuite désiré que cette permission fût retirée et échangée contre une offre de lui faire donner 6.000 francs. Elle en a reçu 4.000 ; les 2.000 qui lui sont encore dus lui seraient du plus grand secours; mais à qui s'adresser pour dégager votre parole? L'agent comptable du théâtre des Arts prétend qu'il lui faut de vous un ordre particulier, qu'il ne peut rien délivrer sans cet ordre. Et cette malheureuse femme, de laquelle Glück disait : « Sans le charme des accents et de la déclamation de Mlle Arnould, jamais mon *Iphigénie* ne serait entrée en France, » cette infortunée se trouve aujourd'hui privée même des moyens de prolonger sa vie, faute de secours. Que diraient les Moncrif, les Rousseau, les d'Alembert, les Diderot, les Helvétius, le baron d'Holbach, tous ces hommes célèbres qui avaient tant recherché sa société intime (et desquels on retrouvera la correspondance)? Que dirait Voltaire lui-même, qui, à l'âge de quatre-vingt-deux ans, se fit porter chez elle et traça ces vers sur son buste :

> Ses grâces, ses talents ont illustré son nom ;
> Elle a su tout charmer, jusqu'à la jalousie.
> Alcibiade en elle eût cru voir Aspasie,
> Maurice, Lecouvreur, et Gourville, Ninon.

« Cette femme si abandonnée a vécu au milieu des savants, elle a vécu pour faire du bien aux infortunés, elle a vécu en laissant des modèles et des élèves à la scène, qu'elle a embellie et même créée ; les savants ont immortalisé ses talents et son esprit, et pourtant cette femme meurt faute de pouvoir se procurer des remèdes contre les maux cruels qu'elle souffre ! »

Nous croyons que cette lettre dut causer quelque honte au ministre et l'amener à ordonnancer le payement de la somme réclamée pour adoucir au moins les derniers instants de cette femme. Mais il était trop tard. Le mal faisait des progrès rapides, les souffrances l'avaient anéantie et le matin du 30 vendémiaire, an XI (22 octobre 1802), le curé de Saint-Germain-l'Auxerrois vint lui administrer l'Extrême-Onction.

Quand il eut terminé, comme il s'apprêtait à quitter la chambre, il crut voir, à un regard de ses yeux expressifs et si beaux encore, qu'elle voulait lui parler.

Il s'approcha, se pencha vers sa bouche et il l'entendit murmurer distinctement :

« Parce qu'elle a beaucoup aimé », et ce fut tout.

On l'enterra le lendemain au cimetière Montmartre. Là, dans un des endroits les plus retirés, s'éleva jusqu'à une date que nous ne pouvons préciser, puisque nos recherches ont été vaines pour en retrouver la trace, une tombe modeste et solitaire, entourée de cyprès et de fleurs ; un vieil invalide visita seul, pendant de longues années, ce lieu funèbre, entretenant de ses mains les fleurs et les cyprès. En 1845, cette tombe existait encore, et nous sommes surpris du silence de MM. de Goncourt à ce sujet. Pendant quarante années, les fleurs l'embau-

mèrent, renouvelées par cette main pieuse. L'histoire est
trop touchante pour que nous la taisions.

Au milieu de la pierre sépulcrale, que surmontait une
urne en marbre blanc, on lisait ces mots : *A Sophie
Arnould, son fils bien-aimé. — Paris, 1803.*

C'était donc ce Constant dont Sophie parlait à Belanger avec tant de tendresse, et qui s'étant engagé comme
volontaire dans les armées de la République parvint,
au bout de quelques années, au grade de colonel de
hussards, qui avait fait élever ce monument.

Or, Sophie Arnould avait à son service, comme concierge, un brave homme nommé Pierre Guérard. Quand,
en 1790, elle dut renoncer à tout le luxe dont elle s'en-
tourait, ayant vendu son hôtel, elle n'eut plus besoin de
concierge, et fit de Guérard son cocher et son homme
de confiance ; mais bientôt il lui fallut vendre son carrosse comme elle avait vendu son hôtel, et ne pouvant
plus utiliser les services de Guérard elle le fit à son
tour engager comme soldat au service de la République.
A sa recommandation, il fut incorporé dans le régiment
où son fils, servant depuis un an, était déjà parvenu au
grade de sous-lieutenant.

Quelques années plus tard, le brave colonel de Brancas fut, comme nous l'avons dit, blessé mortellement à
la bataille de Wagram, en exécutant une charge à la
tête de son régiment, et expira au bout de quelques
heures dans les bras de Guérard. Il recommanda en mou-
rant à son fidèle serviteur de rapporter son cœur à Paris
et de le placer dans le tombeau qu'il avait fait élever à
sa mère. Guérard s'acquitta fidèlement de ce devoir

pieux. Lui-même, un an après, eut la jambe emportée par un boulet de canon, et fut admis aux Invalides.

Depuis cet instant il ne cessa de visiter, le premier jour de chaque mois, le tombeau de sa bienfaitrice, entretenant de sa main les arbres qui l'ombrageaient. Au mois de novembre 1845, à l'occasion de la Toussaint, il vint encore déposer sur la pierre funéraire des couronnes d'immortelles; mais le 1er décembre, pour la première fois depuis trente-cinq ans, il ne vint pas au cimetière. Il était mort, trois jours avant, à l'âge de quatre-vingt-un ans.

Ainsi, le souvenir de Sophie avait du moins survécu dans une âme simple dont la fidélité attestait quelle avait été la bonté de son cœur. Pour les talents, les hommes les avaient oubliés. Son nom lui-même n'était plus prononcé.

Les papiers publics ne firent pour la plupart aucune mention de la mort de Sophie; ceux qui l'annoncèrent le firent en une ou deux lignes et ce fut tout. Le *Journal de Paris*, même, la fait mourir à Luzarches!

Le peu de meubles et de vêtements qu'elle possédait encore fut réclamé par ses fils et par Murville, mais, sur jugement du Tribunal de 1re instance, il fut décidé que tous ses enfants étant illégitimes, il y avait lieu de ne reconnaître pour unique et légitime possesseur de ses biens que son frère.

* *

Ainsi, notre tâche est finie. Nous avons tracé la carrière de Sophie Arnould depuis son berceau jusqu'à sa tombe maintenant ignorée ou dont toute trace est perdue, rappelé ses triomphes à la scène, noté ses mots d'esprit les plus brillants, dit quelles furent ses fautes... et nous laissons le soin de louer ou de blâmer sa mémoire à ceux qui ont bien voulu nous suivre. Il y eut sans doute, dans la vie de Sophie Arnould, peu de motifs de louange, beaucoup de blâme, mais nous pouvons penser charitablement que ses dernières paroles étaient prophétiques et que ses péchés, s'ils furent nombreux, ont été pardonnés...

« PARCE QU'ELLE A BEAUCOUP AIMÉ ».

TABLE DES MATIÈRES

MACON, PROTAT FRÈRES, IMPRIMEURS